I0709870

Scritti di ARDUINO ROSSI

Raccolta di articoli del 2021
Parte sesta

In copertina acrilico su tela di Arduino Rossi

Presentazione

Stiamo perdendo la nostra identità.

È incredibile ed assurdo, ma per la prima volta la nostra anima popolare, il nostro modo di vedere, sentire, concepire la vita è stato traviato da discorsi idioti, da persone stupide più delle galline.

Le banalità che ci raccontano sono tante e assurde, ci vogliono tardo consumisti, di un mondo che cambia rapidamente e non avrà più consumisti, ma solo super ricchi, emarginati e tecnici ottusi e obbedienti.

Abbiamo avuto il periodo di pace più lungo della storia d'Italia, dal 1945, ovvero 76 anni senza guerre, fatto mai avvenuto nella storia della nostra penisola.

Sono nate nuove generazioni sempre più capricciose ed immature, con tante principesse e principini in attesa di un posto di lavoro, che campano grazie ai soldi di papà e mamma.

Il messaggio cristiano, visto dal popolo, si è quasi estinto, si sono perse giaculatorie e sentimenti umani, onesti e generosi, di gente veramente buona e pulita.

Invece hanno fatto carriera loschi personaggi, più falsi delle puttane con i clienti, che prima erano democristiani, poi socialisti con Craxi, poi tutti a sinistra da Prodi sino a Letta ed oggi non raccontano le barzellette sui pederasta, ma vogliono la legge Zan.

Questi meschinelli, dalle carriere.... luminose, negli uffici pubblici e nelle banche a servizio delle cosche mafiose, politiche e clientelari, sorridono soddisfatti e servono tutte le persone più sozze, sporcano il nostro Paese con vizi e traffici criminali.

Dopo anni di scontri tra democristiani e comunisti, compromessi storici e voglia di cambiamenti......... nefasti ci stiamo riducendo a una terra sfortunata, senza futuro, perché la corruzione colpisce e devasta la nostra gente.

Le periferie sono zone franche, con criminali, islamisti e drogati.

Tutto va verso l'inferno in terra, con guerre e terrorismo, che saranno utili alle finanze mondiali e al consumismo bellico, lo strumento di sviluppo tecnico scientifico più diffuso dagli esseri umani, che prima costruiscono cannoni e poi la nuova lega metallica viene usata per gli aratri.

L'Italia è ormai una terra di conquista, per bande criminali, islamisti e politici che fanno strategie geopolitiche sulla nostra pelle.

Se avessimo ancora la nostra cultura popolare, con il senso di dignità e di appartenenza a questa terra bella e sfortunata potremmo difenderci, ma in troppi inseguono i minchioni tatuati e le bambolone siliconate.

Solo la riscoperta della nostra anima autentica, italiana, ci potrebbe salvare e non basta festeggiare la vittorio della nazionale di calcio, bisogna ritrovare l'amore per la nostra cultura, la nostra arte.

Dobbiamo buttare a mare tutto lo sterco a stelle e strisce e il buonismo per mentecatti, nato per celare crimini come il mercato dei nuovi schiavi e i giochi sporchi per favorire il terrorismo islamico anche da noi.

L'Italia è ormai una terra di conquista, per bande criminali, islamisti e politici che fanno strategie geopolitiche sulla nostra pelle.

Se avessimo ancora la nostra cultura popolare, con il senso di dignità e di appartenenza a questa terra bella e sfortunata potremmo difenderci, ma in troppi inseguono i minchioni tatuati e le bambolone siliconate.

Solo la riscoperta della nostra anima autentica, italiana, ci potrebbe salvare e non basta festeggiare la vittorio della nazionale di calcio, bisogna ritrovare l'amore per la nostra cultura, la nostra arte.

Dobbiamo buttare a mare tutto lo sterco a stelle e strisce e il buonismo per mentecatti, nato per celare crimini come il mercato dei nuovi schiavi e i giochi sporchi per favorire il terrorismo islamico anche da noi.

Razzismo, vero e falso.

Il razzismo è un'invenzione anglosassone, frutto del loro complesso di superiorità di colonialisti bianchi, destinati a dominare il mondo per grazia divina.

Infatti questa ideologia ha come punto di riferimento il puritanesimo, ovvero la versione calvinista del protestantesimo, con la predisposizione alla salvezza e alla benedizione di Dio, anche per i beni terreni.

Inoltre sposò non Dawin, ma le ideologie darwiniste, nelle varie versioni raziali, poco o per nulla scientifiche, ma utili come giustificazioni per sostenere pratiche feroci, come la schiavitù e la colonizzazione violenta di interi popoli da parte degli inglesi.

I loro cugini statunitensi non furono da meno, per ferocia e logica schiavista, il loro primo presidente George Washington fu uno schiavista, ma non si possono abbattere le sue statue, perché crollerebbe anche la loro meschina e fasulla democrazia.

Ora costoro, in perfetto stile ipocrita puritano, ci vogliono insegnare cosa sia........ l'uguaglianza, accusando tutti gli altri di......... razzismo, confondendo appunto idee e ideologie tanto idiote, adatte a capre semianalfabete.

Quindi oggi si è razzisti se si ricorda la violenza, anche schiavista, degli islamici, poi si parla di etnia, termine che indica soprattutto la cultura di un dato popolo.

Considerano razziste anche le critiche a questa o a quella cultura, magari con dati oggettivi.

Questa confusione fra razza, che dovrebbe riguardare caratteristiche somatiche, cultura e lingua è demenziale e veramente razzista.

Dire che criticare un dato comportamento, tipico di date culture, è razzismo è da razzisti, perché cataloghi dati popoli, che parlano date lingue e hanno certe tradizioni, come se fossero sotto predisposizioni genetiche, razziali e lascia sottinteso che questi atteggiamenti non possono mutare.

Questa era l'idea fissa di Hitler, che considerava ogni popolo caratterizzato da date tradizioni culturali, che erano per lui di fatto genetici.

Gli ebrei erano per lui viscidi e infidi, capaci di infiltrarsi in ogni luogo dove c'era potere, amanti del denaro, nemici naturali dei popoli ariani.

Quindi quando si inserisce nel razzismo ogni atteggiamenti critico verso usi e costumi a noi fastidiosi, come l'uso del burqa, le donne segregate, il disprezzo verso gli infedeli ed altro ancora, che per la nostra cultura è chiaramente criminale, si è razzisti.

Ovvero si considera la cultura, le tradizioni, le religioni di quelle popolazioni legate alla loro appartenenza razziale e genetica.

In pratica dietro l'antirazzismo buonista abbiamo atteggiamenti che nascondono potenziali sviluppi tragici, autenticamente nazisti.

Passare da una visione così totalizzante, verso certi popoli, che si sopportano perché tipiche delle loro caratteristiche, a soluzioni finali contro costoro è molto facile, per esempio con decreti imposti per motivi di ordine pubblico, magari contro la violenza, il terrorismo e il crimine dilagante.

Poi, non è da scordare, che tutte le volte che si impongono censure su idee e opinioni, si favoriscono sistemi autoritari, tirannie tanto stupide, quanto pericolose e criminali.

È facile prevedere che il passo sia breve, dall'inginocchiarsi per un pregiudicato afroamericano a imporre solite soluzioni contro i popoli, che non si......... possono integrare nel nuovo ordine mondiale.

Immaginare la chiusura dei ghetti infernali, con morte, epidemie e dolore al loro interno, con operazioni di polizia e di pulizia.......... etnica, pare la conseguenza razionale di questa ambigua e fasulla logica autenticamente razzista, celata da viscide tolleranze, che rendono infetta la piaga, come dice il proverbio: "Il medico pietoso fece la piaga infetta."

Gli imbecilli non trionferanno.

Il potere in Italia è in mano a un branco di idioti, il fatto è dimostrato dal debito pubblico che cresce, cresce e non stimola la nostra economia.

Rischiamo di finire come un Paese da terzo mondo, misero e disperato.

Abbiamo al potere personaggi che sanno spendere i soldi in modo dannoso, esiste una classe sociale di funzionari pubblici senza virtù e con solo atteggiamenti altezzosi, spesso pure ridicoli, incapaci e dannosi, che con le loro iniziative fanno fuggire cervelli e soldi all'estero, soffocando le attività di chi lavora e produce, creando ricchezza, che è saccheggiata da tasse, è bloccata da demenziali ostacoli burocratici.

Cosa ha generato tutto questo in Italia?

Stiamo pagando decenni di guerra fredda, dove si spartivano, comunisti e democristiani, i posti di comando, nella magistratura, nelle amministrazioni pubbliche.

Poi da noi esisteva ancora un capitalismo, cresciuto a spese dello Stato, che riceveva finanziamenti e favori in cambio di industrie dislocate in Italia, l'esempio più noto sta nella Fiat.

Oggi tutto questo è finito, nel bene e nel male, a gestire il mondo economico è un capitalismo finanziario, cieco, che punta solo al profitto e non ha più bisogno di amicizie a......... corte per ottenere appalti, ma impone scelte produttive a tutto il sistema economico mondiale e pure a noi italiani.

Volenti o nolenti questo è il presente e certi personaggi, che sfruttano rapporti politici, amicizie, raccomandazioni e favoritismi, sono destinati a restare schiacciati da questa gigantesca macina, che non perdona.

Immaginare la fine dell'era dei clientelismi, dei loschi gruppi di potere, massonici, mafiosi, è facile, solo che questo porterà a momenti difficili per tutti noi, con crisi economiche pesanti.

Il debito pubblico, per esempio, segue le logiche dei mercati finanziari, che premiano l'efficienza amministrativa, dai ministeri alle regioni, passando anche dalla magistratura, facendoci pagare molto di meno gli interessi sul debito se le cose funzionano bene o facendoci pagare molto di più, portandoci anche al fallimento come Paese, se non si rispettano i loro parametri.

Quindi, anche se questo assomiglia molto a uno schiacciasassi, vedremo passare i funerali di molti potentati, di molti signorotti locali, di forze politiche legate al passato anacronistico, di personaggi simili a nobili decadenti, con gravi ritardi mentali.

La lotta all'evasione è giusta, ma del riciclaggio del denaro sporco perché non se ne parla mai?

In Italia questo denaro corrisponde al 10% del PIL nazionale, invece su base europea corrisponde a 220 miliardi di Euro, ovvero più del 1% della ricchezza europea prodotta ogni anno.

Da dove arrivano questi soldi?

Dallo spaccio della droga, dalla prostituzione, dal gioco d'azzardo, dal contrabbando e al traffico dei migranti, con le Ong al seguito, arrivano tutti questi denari.

Quindi, diciamolo pure, la nostra società è profondamente corrotta e nessuno parla di colpire e sequestrare tutti questi capitali, che non si possono individuare e che abili avvocati difendono con tutti gli strumenti consentiti dalla legge.

La legge di mercato fa in modo che i capitali sporchi diventino....... puliti e finiscono, magicamente, in mano a personaggi al di sopra d'ogni sospetto, che non si sporcano mai le mani direttamente con il crimine.

Così tutta la nostra società segue la logica del mantenimento delle criminalità, con la stampa ambigua, che non vede e difende i diritti....... umani dei delinquenti, che non osservano mai la stranezza della presenza delle piazze di spaccio delle sostanze stupefacenti, intoccabili e quasi protette dallo Stato.

Scusate, togliamo il quasi.

Così i nuovi arrivati svolgono lavori in nero e sotto pagati, con l'avvallo di un sistema .... umanitario che va dalle cooperative rosse alle istituzioni ecclesiastiche e di beneficenza, con alle spalle reati gravissimi, come la cronaca nera riporta, come truffa nei confronti dello Stato, favoreggiamento all'immigrazione clandestina, sfruttamento della manodopera in nero.

Il sistema di corruzione funziona bene e rende tanti miliardi, così qualche milione può essere speso per finanziare il quotidiano progressista e........ indipendente, il partito degli....... ospitali, lo pseudo intellettuale con i suoi libri, tanto apprezzati dalle capre.

Insulti e processi, chi paga?

La domanda riguarda diversi giornalisti, con i loro giornali, con direttori ed editori, personaggi pubblici e tanti altri.

Dal numero degli insulti che certi giornalisti lanciano, certi individui, a mezzo stampa, sputano quotidianamente e vengono ripetuti, diffusi dai nostri quotidiani, da sempre in...... perdita, mi chiedo.

Chi paga?

Un processo per diffamazione costa almeno, a un quotidiano, con avvocati decenti e non delle cause perse, 20 mila euro, anche se le somme per vincere in tribunale sono ben più alte.

Si può affermare che qualche quotidiano progressista, con i suoi opinionisti dallo sputo facile, debbano pagare in avvocati, in spese legali e rimborsi vari, milioni di euro, anche decine di milioni.

A questo punto, visto che la pubblicità rende poco e gli abbonamenti, quelli veramente pagati dal pubblico, ancora di meno, come fanno a restare a galla?

I finanziamenti pubblici non sono poi eccessivi, ma appena sufficienti per coprire qualche spesa.

Mi ripeto, chi paga?

La matematica non è un'opinione e qualcuno finanzia questi giornalacci, questi idioti che insultano a destra e manca, con soldi che nessun controllo fiscale individua.

Se fosse pagato solo con le loro finanze dichiarate costoro si troverebbero a dormire in mezzo a una strada, con le società recupero crediti che li stanerebbero anche sotto i ponti.

È chiaro che qualcuno conosce bene la mentalità del ceto mediocre progressista, che nonostante le arie di superiorità, è formato da caproni e buzzurri che ridacchiano per una parolaccia colorita detta, per un insulto demenziale urlato, sentendosi sempre...... di classe.

Con gli insulti e le parolacce i progressisti si considerano sopra, nei loro grigi uffici da sfigati a vita, al popolo minuto, quello che secondo loro è rozzo e di destra, antiquato e buzzurro.

Loro si reputano superiori agli operai e alla gente che lavora per campare, nei loro abiti alla moda, pagati dieci volte il loro valore reale per la pubblicità dell'influencer, tanto idiota quanto apprezzato.

Sapere chi paga i calunniatori professionisti servirebbe per capire come girano i soldi, attraverso i canali dei conti segreti, che provengono dai paradisi fiscali, altro che controllo degli spiccioli degli italiani........ tutti evasori secondo i pennivendoli, sponsorizzati dai grandi evasori e riciclatori del denaro sporco.

Comunque, io in passato lo ho già denunciato, la corruzione passa attraverso i grandi giornali nazionali e comprendere bene come funziona il meccanismo dei finanziamenti oscuri potrebbe servire a mettere in scacco il marcio di questo Paese.

Pretendo troppo?

Vi immaginate il pennivendolo altezzoso, il cuoco e il vignettista famoso in prigione per riciclaggio e favoreggiamento alla corruzione, alle attività mafiose?

So già che si urlerebbe all'attacco alla libertà di parola e di stampa.

Povera Italia, è sempre più nello sterco, ma in troppi fanno finta di non accorgersi.

Propaganda e linciaggio del nemico.

Il nemico del popolo fa parte della strategia di una sinistra che vive di odio, ma dice di combatterlo.

Ormai questa misera realtà non ha più ideologie, analisi sociali, classi popolari da difendere, se non una piccola folla di un ceto medio vicino a crisi di....... nervi, sempre più ai margini sociali ed economici, predestinato a trasformarsi in una folla di emarginati, di servi inutili di un potere che li usa e poi li getta.

Il tentativo di reggersi con i voti dei migranti, ovvero futuri esclusi di un potere tecnocratico assolutista, hitleriano, nella versione attuale, ovvero ciò che non rende e non genera reddito deve essere....... eliminato, è già fallito in partenza.

In questa fase questa realtà anacronistica, fatta da burocrati noti per la loro ottusità, che si definisce la sinistra italiana, è una palla al piede al sistema economico e finanziario mondiale e nazionale.

Così eccoli dediti a battaglie inutili, per sentirsi vivi, per non voler essere gettati tra gli oggetti da buttare in discarica.

La battaglia per la legge Zan e il fatto di cronaca nera, che finirà in nulla o quasi, dimostra la loro debolezza e la loro idiozia.

"Tutto quello che dichiari potrà essere usato contro di te" , questo lo sanno bene gli imputati negli Stati Uniti, durante gli interrogatori, ma le loro campagne di odio non conoscono il senso del limite, la vergogna e un minimo di buon senso.

Muovono il peggio del popolo della rete, i violenti delle periferie e li invitano, apertamente, a manifestare contro lo sparatore.

Si fanno processi sommari, per il fatto di Voghera, con condanne sulla stampa, quella stessa che fu filo democristiana, poi socialista di Craxi ed oggi è filo PD, per difendere gli interessi di ciò che resta di un potere vetusto, legato a imprenditori in affari con la politica.

La sinistra oggi sta con i............ padroni, o meglio con questi padroni che senza finanziamenti pubblici ed esenzioni fiscali finirebbero travolti dal mercato globale.

Perché un povero assessore alla sicurezza di Voghera, che ha sparato, più o meno involontariamente, contro un aggressore, diventa il cattivo di turno da odiare?

Già gli amici violenti della sinistra, le bande armate delle periferie, promettono di fare giustizia da sé, ma questa istigazione al terrorismo è .... legittima, per loro.

Il peggior pietismo ridicolo è stato sfoderato da questi minchioni, detti giornalisti, hanno disturbato dei testimoni impresentabili, la barbona e il connazionale della vittima che parla di omicidio volontario, mentre i filmati mostrano il contrario.

Ormai la macchina della propaganda della sinistra convince solo i fancazzisti del reddito di cittadinanza, le ultime casalinghe represse, se ne esistono ancora, che passano la giornata a vedersi trasmissione spazzatura, il ragazzone che sta passando dall'erba alle pasticche, con l'aggiunta di alcool.

Costoro scendono in piazza, o dovevano scendere, con il

sostegno di gruppi di spacciatori magrebini, per pretendere giustizia?

Questi sono i...... cittadini che questi giornalacci hanno invitato a manifestare.

Povera sinistra, ormai è solo formata da poveracci che difendono le loro sedie sotto il culo, a spese dello Stato, direttamente e indirettamente, che ha bisogno della folla dei balordi per sentirsi vivo.

Se qualcuno conosce le logiche speculative del mondo finanziario sa che costoro guadagnano sia quando i titoli crollano che quando salgono, io parlo del sistema Italia, con i suoi debiti, il 160% del debito pubblico sul Pil, che ci ha reso un Paese fallito.

I responsabili sono appunto i governi della sinistra, che hanno raddoppiato, con la loro gestione questo debito, ma i nostri ricchi speculatori, tutta gente senza volto e senza nome, attende che tutto precipiti, vendendo allo scoperto, ovvero guadagnando sul fallimento dell'Italia e di quella classe imprenditoriale incapace di vivere senza stampelle pubbliche.

Intanto la sinistra allontana il giorno della resa dei conti, con queste pagliacciate, questa propaganda meschina e ridicola, che dovrebbe interessare la magistratura per l'evidente istigazione al crimine, al terrorismo.

Cerca le folle nelle strade, vuole tanto rumore per non dover pagare a caro prezzo i danni provocati a tutti noi.

Prevedere il fallimento del sistema Italia è troppo facile, con lacrime e sangue, poi vedremo il rimbalzo e la ripresa economica, ma io mi immagino cose terribili, ovvero altro che un assessore con la pistola.
Se le strade non diventeranno sicure per ordine dello Stato, lo diventeranno grazie ai gruppi privati, come capita nel Sud del mondo, con gli squadroni della morte.
Anzi con qualcosa di più orrendo che non oso neppure immaginare.
I nuovi padroni del mondo vogliono solo profitti finanziari e senza l'ordine nelle strade non li si hanno, quindi questi ciechi individui lo impongono, premiando i Paesi che lo sapranno creare, punendo finanziariamente chi non lo saprà impostare.
Io preferisco la polizia statale a quella privata, di tipo sudamericano.
Ancora una volta questi poverini della sinistra attuale non hanno capito di essere solo delle pedine di un grande gioco globale, da usare e poi buttare.

Terrorismo, islamismo e finanziatori occulti, ma non troppo.

In Afghanistan stanno tornando i talebani, che a dire il vero non sono mai scomparsi.

Sapete con che armi combattono questi fanatici?

Con quelle di fabbricazione statunitense.

Ovvero con le stesse armi utilizzate dalle truppe che dovrebbero combatterli

La spiegazione dei nostri giornalisti, come al solito, è risibile, ovvero le comprano dall'esercito afgano con il contrabbando.

Quindi gli statunitensi forniscono questi armamenti ai loro alleati, che vengono poi venduti ai nemici.

Il fatto è già sorprendente e ci si chiede come mai le truppe occidentali presenti, sino a poco tempo fa, in Afghanistan, non impediscano tale traffico.

Poi le munizioni e gli addestratori sono pure loro comprati al mercato nero?

Qualcosa non torna, comunque se fosse così dimostrerebbe che gli statunitensi sono.......... molto stupidi, o giocano in modo ambiguo.

Anche se i fatti fossero così strani la prima stranezza sta nel fatto che i talebani hanno a disposizione molti soldi, centinaia di milioni di dollari, se non miliardi di dollari, le armi di contrabbando hanno un notevole sovrapprezzo, in genere.

Così il cerchio si chiude, la guerra in Afghanistan era combattuta per mantenere la presenza occidentale in una regione fondamentale per i traffici economici, tra Russia, Cina, Iran, Pakistan e India.

Quindi qualcuno utilizza questi fanatici come mercenari sotto costo per contrastare questi o quelli, si parla sempre di gruppi islamici legati agli Emirati Arabi, ai vari sceicchi, o a gruppi........... religiosi islamici, ma non si parla di gruppi finanziari e di Stati che vogliono impedire agli altri di controllare la regione contesa, o cercano di avere i talebani vincitori come alleati, per favorire traffici e commerci.

Possono essere chiamati in causa la Cina, la Russia, ma non bisogna scordare che i nemici dei miei nemici sono miei amici e che ci sono dei conflitti bellici che seguono logiche ambigue, ovvero io ufficialmente combatto il nemico, perché è brutto e cattivo, ma poi mi è utile contro altri miei nemici.

Così si può spiegare che i talebani, nonostante i mezzi del potentissimo e super tecnologico esercito statunitense, siano ancora così potenti e combattivi.

Le guerre non si combattono con i bastoni e le pietre da almeno 100mila anni, per vincere, oggi più che mai, servono tanti soldi.

Diciamo che questo fatto era evidente anche nella guerra contro l'Isis, che resisteva a eserciti di mezzo mondo......... misteriosamente.

Si sa che fino a quando c'è guerra c'è.......... speranza, ovvero il consumismo bellico trascina l'economia mondiale.

Si sa che più sono fanatici, più sono idioti e con gli imbecilli......... si fanno sempre ottimi affari, quindi si fanno guerre vere e conflitti che non si vogliono vincere, perché dietro a tutto questo c'è una politica neocolonialista vecchio stile, ma sempre utile e vantaggiosa.

La stampa buonista vuole il terrorismo islamico?

Tempo fa pensavo che il terrorismo islamico fosse, politicamente, una situazione che spingerebbe il Paese a destra, molto a destra, ma oggi vedo e noto che quasi, anzi, senza quasi, a sinistra lo desiderano e cercano di provocarlo, magari in concomitanza con qualche azione violenta degli anarchici dei centri sociali.

Il fatto di Voghera viene presentato con testimoni presunti e immaginari, nonostante le videocamere attive.

Storpiano il fatto che è un eccesso di legittima difesa, alla peggio, se non una difesa totalmente legittima, con il morto capitato per caso.

Loro parlano di vittima e vogliono la.......... giustizia, invitano la gente, quella gente, a scendere in piazza, ovvero balordi e balordini, immigrati legali ed illegali, con un po' di spacciatori e parecchi........ consumatori al seguito.

Non mi risulta che ci siano state manifestazioni di protesta per le vittime causate dai migranti, con stupri, accoltellamenti, rapine con il morto, con furti e omicidio in casa.

Poi abbiamo anche il giornalista che istiga apertamente i migranti africani all'azione, contro gli italiani, ovvero commette il reato di istigazione a delinquere, ma nessun giudice agirà contro di lui, perché è politicamente .... corretto.

Le manifestazioni si ripetono in tutta Italia e la sentenza da parte di costoro è di condanna, a prescindere dei fatti, perché l'accusato è un .... leghista, con la pistola.

Visto che certamente abbiamo i nostri terroristi importati, appena sbarcati, o di seconda generazione con la........ cittadinanza e sono pronti a colpire, a colpirci, questa situazione pare una chiamata alle armi.

I nostri parassiti di sinistra sperano di giustificarli, con una reazione alla violenza delle destre, pretendendo un governo di....... salvezza nazionale.

Sì, sono pronti a giustificare i tagliagole pur di non rinunciare ai benefici che li proteggono, come i finanziamenti ai loro periodici, ai loro posti in Rai, con bassi ascolti, ma super stipendi.

Poi abbiamo i parassiti peggiori, detti imprenditori......... sponsorizzati, quelli che prendono i contributi pubblici in Italia e pagano le tasse super scontate nei Paesi Bassi.

Questi sanno che se la sinistra fosse spazzata via pure

loro affogherebbero nel mondo globalizzato.

Quindi preferiscono cavalcare la tigre della violenza dei migranti, accusando le vittime di essere dei........... provocatori.

Hanno già pronte analisi di malattie mentali da curare, per i tagliagole, mentre i cattivi saranno coloro che vorranno difendersi, senza farsi scannare come capretti prima della festa della fine del Ramadan.

In fondo li......... capisco, gente che si è sempre fatta mantenere da noi, negli uffici con il concorso....... semplificato, nel giornalismo, a servizio di tutti i poteri, oggi dovrebbe lavorare per campare.

Non è abituata e quindi preferisce dire idiozie, accusare e istigare le bestie di Satana, far saltare il mondo, ma non abbassano la schiena per guadagnarsi il pane onestamente, poi non sanno fare nulla di utile per sé e per gli altri.

Immigrazione ed eversione sociale.

Oltre ad essere uno strumento economico, per far crollare i salari dei ceti popolari più deboli, compreso quelli dei primi immigrati, è uno strumento eversivo, per giochi sporchi di potere.

Aumenta il nostro debito pubblico, favorisce scelte nazionaliste estreme, neonaziste, di nuova generazione, ovvero di chiusura e di pulizia etnica.

Devasta le nostre periferie e premia il crimine organizzato con tutti gli affari al seguito.

Io sono certo che la reazione violenta e brutale arriverà ed è giusto colpire chi è corrotto, ovvero chi favorisce, a pagamento, tutto questo.

I reati che si intravedono sono tanti e gravi, c'è anche alto tradimento, se si applicasse il Codice Militare di guerra per motivi di sicurezza nazionale costoro dovrebbero essere fucilati.

Prima o poi avremo la guerra civile e a volerla, a provocarla sono le forze......... progressiste, che deformano i fatti oggettivi con la loro demenziale propaganda, trasformando degli spacciatori, degli assassini, dei terroristi islamici come......... vittime.

Il potere burocratico e anacronistico, di un mondo fasullo, seicentesco, decadente e legato a logiche stataliste, accentratrici, di tanti azzeccagarbugli ormai alla fame, resiste e si allea agli inutili servi detti giornalisti, che campano scribacchiando le lodi del potere costituito, indifferenti alla nave che sta affondando.

Il medioevo islamico è per loro l'unica salvezza, l'ultima realtà che li può ancora rendere signori indiscussi, potenti.

Ecco a voi i nuovi eroi, i nuovi martiri per la stampa progressista, per gli elettori di......... sinistra, sono gli spacciatori, i rapinatori, morti sul lavoro, colpiti da gente cattiva, che non........ rispetta la loro cultura di ladri e di delinquenti.

Avremo anche i terroristi islamici presto tra questi eroici personaggi?

Con qualche demenziale pseudo analisi sociologica pure i tagliagole, che sgozzano civili ignari, diventeranno martiri ed eroi.

Proporranno di intitolare i nomi di queste bestie a delle vie?

Il potere è potere, secondo i nazisti e i tedeschi duri e puri deve essere sempre rispettato, bisogna sempre obbedire al potere costituito, sia se è formato da islamisti, tagliagole, mafiosi o da corrotti.

L'importante è mangiare e non importa chi paga lo stipendio, serve un potere organizzato, anche se spietato, mentre loro amano il culo comodo sulla poltrona, altrimenti farebbero fatica a lavorare.

Io invece attendo che tutto crolli e di poter vedere i responsabili finire dietro le sbarre, anzi, ai lavori forzati.

Diritti dei lavoratori persi con i migranti.

Quando certi bastardi dicono che gli italiani non vogliono più svolgere certi lavori non aggiungono a certe condizioni, come schiavi, anche picchiati, come racconta la cronaca nera, a un euro all'ora, con vitto adatto ai ratti e alloggio degno di un lager.

La domanda è spontanea, ovvia: "Perché non svolgono loro questi mestieri umili, a queste condizioni?"

Loro non rispondono mai e ti guardano con disprezzo, perché loro si reputano superiori, hanno vinto concorsi, sono pennivendoli, scusate, giornalisti, oppure sono personaggi dello spettacolo e mostrano........... le loro doti al pubblico, per attirare i clienti.

Loro non devono fare fatica nei campi, nelle officine, non devono studiare veramente, o imparare a usare il computer in modo valido, non devono lottare per un lavoro decente.

Loro sono........ superiori agli altri mortali, sono il ceto superiore, anzi sono la casta predestinata che non si deve mai sporcare le mani, perché sono affiliati alle varie cosche clientelari e mafiose, che dominano e rovinano questo Paese.

Ecco che il Medioevo, nelle loro teste, non è mai morto, infatti dovrebbero dire che noi italiani certi lavori non li vogliamo più svolgere, invece parlano di plebe, di servi della gleba che pretendono di essere pagati e in un modo decente.

Di brutti grugni con queste idee ne conosco tanti, sempre legati ai vari gruppi politici che detengono il potere, con le tessere giuste in tasca.

Loro considerano gli onesti degli esseri inferiori e li disprezzano, li calunniano, perché nessuno deve superare la logica delle caste dominanti.

La sorpresa sta nel trovare queste posizioni tutte a......... sinistre, tra gente che lottava, sino a qualche decennio fa, con il pugno chiuso sinistro alzato.

A questo punto non ho più dubbi, era tutta una farsa, una recita che serviva per far carriera politica, a spese di chi lavora veramente e si guadagna onestamente da campare.

Oggi sono sempre.......dei progressisti, ma si scordano dei diritti umani veri, delle donne immigrate, che possono, anzi devono fare le schiave maltrattate, con il burqa........ per rispettare la loro sacra tradizione.

Perché non chiedono controlli a tappeto contro il caporalato?

Perché non pretendono l'arresto e il lavoro obbligatorio,

non li chiamo forzati perché non si può, per chi maltratta le donne e impone con la forza idee, religione e usi tradizionali?

Perché non rendono veloci i processi con pene certe e immediate contro la malavita nuova, importata e vecchia?

Con questi metodi vedremmo crollare la presenza dei migranti, ne servirebbero molti, molti di meno, migliorando i salari della gente comune avremmo anche più soldi per le famiglie e per il mantenimento dei figli, avremmo pure una selezione lavorativa non più in cerca di schiavi, ma di lavoratori preparati e più produttivi.

Siamo nell'era dell'intelligenza Artificiale e abbiamo bisogno di tecnici e non di manovali, ma i............... progressisti preferiscono gli asini da bastonare, così si sentono superiori e forti.

Poveretti, prima o poi dovranno svolgere i lavori che i migranti non vorranno più fare, ma non lo sanno ancora.

Mafie e immigrazione, affari sporchi e buonisti complici.

Le mafie ingrassano con l'immigrazione, ma chi paga è sempre nascosto, ufficialmente, mentre solo gli scafisti, i manovali, il livello più basso di queste organizzazioni criminali, finiscono in carcere, qualche volta.
Sapendo che ogni migrante ....paga 10 mila euro per essere trasbordato dal Sud del Mediterraneo a noi, somma incredibile e non disponibile per tutti costoro, non si capisce perché nessuno è mai arrivato a colpire i complici e gli acquirenti a Nord, tra coloro che ordinano questi schiavi, per sfruttarli in mille servizi, legali e illegali, o criminali.
Tutto questo porta a guadagni, a affari per decine e decine di miliardi di euro, quindi individuare i corrotti e i corruttori, sequestrando i loro utili illegali, farebbero tanto bene alle finanze pubbliche, per esempio, salvandoci anche dal degrado che avanza.
Eppure la magistratura non ha mai toccato questi affari che sono evidenti, tranne per qualche operazione secondaria, ma mai si è giunti alla fonte del denaro, ovvero chi paga per avere merce a basso costo da sfruttare, intendo esseri umani trattati come merce.
Abbiamo una vergognosa protezione politica e mediatica,

che va dal giornalista, al politico, alla stampa, con la Rai, quella che ci fa pagare il canone in Bolletta dell'energia elettrica, che rincoglionisce i minchioni ospitali, che vedono sempre più a rischio la loro sicurezza in strada e anche in casa, non trovano lavoro o sono sempre meno pagati per lavori umili.

Tutto questo crimine è evidente, come ai tempi precedenti di mani pulite, con le tangenti che nessun magistrato vedeva, o con le varie terre dei fuochi, che stanno uccidendo ancora, ma i colpevoli veri, principali, certi imprenditori senza scrupoli, nessuno ha disturbato.

Gli intoccabili, quelli al di sopra di ogni .... sospetto restano tali, hanno i mass-media che li proteggono e guai a toccarli, ci sarebbe l'opinione pubblica che scenderebbe sul piede di guerra, contro i .... cattivi che indagano su costoro.

Poi abbiamo certi loschi individui, imbonitori televisivi, influencers e imbroglioni simili che provocherebbero la rivolta del ceto mediocre, quello che se le beve tutte e vota PD o 5 Stelle.

Immigrazione, strumento per rendere i ricchi sempre più ricchi.

Queste analisi, che un tempo a sinistra si facevano con una certa precisione, sono scomparse, misteriosamente.
Parlo delle osservazioni che valutano il movimento delle popolazioni, dei migranti, per esempio, della domanda e dell'offerta del lavoro, sul reddito delle persone più povere, che perdono reddito con l'arrivo di altri disperati.
Oggi paiono tutti.......preti con lo sguardo al cielo e le mani in tasca, per controllare il portafogli zeppo di soldi.
Parlano bene, di bontà e di azioni buone, ma poi, grazie a questi atti .... generosi, accumulano tanti soldi.
Non è casuale che da noi, come in tutti i Paesi industrializzati e per ora ricchi del pianeta, cresce la differenza dei pochi super ricchi e tanti nuovi poveri.
Se io pago di meno i salariati ottengo una folla di disperati, ai margini delle periferie, multietnica, che vale poco in caso di cambiamento delle tecniche produttive, perché non hanno le basi essenziali per poter accedere alle nuove tecnologie, ma è gente disposta a tutti i lavori, per due soldi, mestieri malsani, spesso in nero, anche della manovalanza criminale.
È la legge di mercato, costoro non hanno gli strumenti per

poter diventare competitivi nel mondo del lavoro dei tecnici e super tecnici, che in Italia sono sempre più rari, necessari per sviluppare le nuove tecnologie, che rendono molto con pochi dipendenti.

La massa dei disperati costa poco, fa rumore, commette azioni bestiali, delinquenziali sempre più, ma è utile per fare arricchire i nuovi ricchi, che li pagano sempre meno, per lavori di basso livello, allontanando il giorno che i nuovi ricchi italiani, i super ricchi, dovranno confrontarsi con le nuove tecnologie, che costano e dovranno dare una parte dei loro utili ai tecnici, specializzati, gente che non si fa pagare pochi euro all'ora, ma si sa fare valutare.

Infatti non è casuale che la sinistra trionfi nei centri città e perda in periferia, sia il partito del ceto medio alto e alto, ma non più dei lavoratori, degli operai.

Con l'immigrazione di massa sono saltati diritti conquistati in cento anni di lotte e di scioperi, da parte di gente che non si inchinava più di fronte ai signori.

Oggi invece questa folla scomposta è facilmente sfruttabile, la si utilizza pure come arma impropria contro gli avversari sociali e politici, contro i lavoratori italiani, disprezzati ed accusati di essere dei fannulloni.

La storia è zeppa di politiche sociali simili, per esempio nell'Italia romana si importavano nuovi schiavi per abbassare il reddito dei lavoratori liberi, della plebe, per avvantaggiare i patrizi.

Gli sviluppi futuri saranno certamente tragici, perché chi semina vento raccoglierà tempesta, ovvero periferie ingestibili, se non con soluzioni terribili, disumane, con la pulizia etnica per esempio.

Il terrorismo sarà endemico e si confonderà con gli atti della criminalità comune.

Poi queste masse semianalfabete non serviranno più e verranno abbandonate, sigillate dentro i loro ghetti, dove le epidemie agevoleranno il lavoro sporco dei padroni del mondo, quelli che ci considerano peggio dei cani randagi, che ci sfruttano e poi ci vorrebbero morti, quando non serviamo più.

Spesso gli idioti comandano.

Io ho osservato che gli idioti, che si mettono il cappello di Napoleone sulla testa e si credono importanti, sono tanti, ma qualche volta diventano piccoli o grandi dittatori.

Li conosciamo tutti, nelle nostre esistenze, questi idioti che si reputano .... grandi, sui posti di lavoro, nelle riunioni di condominio, quando abbiamo un piccolo incidente, dove chi ha torto pretende sempre di avere ragione.

In politica, dietro a molti politici, abbiamo interessi economici da difendere e tante eminenze grigie che ingrassano.

Così cosa c'è di meglio per costoro di un .... cretino al potere, da manipolare.

Non è sempre così, abbiamo avuto, nel passato, personaggi abili e intelligenti, scaltri e colti, accorti.

Il dramma sta nel fatto che abbiamo folle di bovi urlanti, festanti, che battono le manine al dittatore, volenti o nolenti.

Così sono iniziate le grandi tragedie del passato, le guerre, le pulizie etniche, ma anche, in questa era demenziale, le guerre per esportare .... la democrazia, che ricordano i conflitti coloniali, che avevano la giustificazione di esportare la ..... civiltà.

Il dramma in queste situazioni sta nelle vittime innocenti che provocano, nelle distruzioni, poi qualcuno ci guadagna sempre, come gli imprenditori tedeschi, che salvarono i loro utili sotto il nazismo grazie alla neutrale Svizzera, che ricevette i .... capitali da tutte le parti in conflitto, dai vinti e dai vincitori.

In tutte le epoche c'è chi fa i soldi, da ogni situazione, dai campi di sterminio, dai finanziamenti agli eserciti, dalla ricostruzione post bellica.

Oggi abbiamo il traffico dei migranti e lo spaccio delle sostanze stupefacenti, ma alla fine avremo ancora cose orrende, come capita spesso nella storia umana.

Avremo massacri, terrorismo, criminalità feroce e protetta.

Ancora una volta avremo chi accumulerà enormi proventi, in paradisi fiscali, poi finanzieranno ancora politici e giornalisti, preti e......... intellettuali, che ci faranno ancora la morale sull'accoglienza, contro l'islam fobia.

I bovi muggiranno e voteranno sempre i ....progressisti.

Le piazze in mano ai sindacalisti e agli islamisti?

Avremo la folla degli islamici urlanti, con le bandiere rosse ....sindacali per la lotta, per il trionfo dei valori dei mullah, per le donne con il burqa, per le spose bambine, per il diritto a picchiare le 4 mogli.

Questa non è un'ipotesi, è il presente, è la prova che il potere non ha pudore.

I sindacati e i sindacalisti li ho sempre visti loschi e servizievoli, come se fossero la quinta colonna di interessi particolari, ...filo clientelari.

Di quali lotte parlano?

Del passaggio di livello in comune, per dare al solito minchione 50 euro in più nello stipendio .... già rubato, per favorire quelli della solita cooperativa, che hanno le sovvenzioni pubbliche dirette ed indirette.

Poi ora hanno la folla degli spacciatori .... in rivolta, che dopo l'ultimo scontro con la polizia hanno avuto qualche contusione e vogliono....... giustizia.

Sì, scusate, ma dove finiscono le cosche e iniziano le associazioni sindacali?

Ho le idee un po' confuse sulla questione.

Islam, dal petrolio ai paradisi fiscali.

Cosa rende potente la religione di Maometto oggi?

Abbiamo censure e terrorismo esplicito, con minacce di morte dalla ragazzina al giornalista sprovveduto, al professore critico, da parte di gruppi impuniti di delinquenti che nessuno tocca.

Questo capita in Francia, ma i primi sintomi li abbiamo anche in Italia, invece se dei gruppi politicamente ostili a questi o a quelli, formati da gente di estrema destra o di estrema sinistra per esempio, facessero la metà di ciò che impongono gli islamici alla nostra società, avremmo retate di centinaia di persone, denunce a migliaia e processi con gabbioni per imputati che dovrebbero scontare decenni di carcere per terrorismo.

Inoltre il sistema di controllo illegale, ma diffuso in modo capillare, che seleziona il personale lavorativo, condannerebbe costoro alla disoccupazione perenne, all'emarginazione sociale.

Invece gli islamisti minacciano e ricevono pure la protezione da parte della .... Magistratura, della stampa, dei poteri forti.

Perché avviene questo?

Un tempo, alla fine degli anni Settanta, sarebbe stato facile capire che non si volevano fastidi con il principale Paese al mondo produttore di petrolio, l'Arabia Saudita, con il suo regime assolutista e islamista, ma oggi il petrolio conta sempre di meno, poi non esiste più questo monopolio e tanti Paesi lo estraggono in concorrenza, compreso la Russia e il Venezuela, i cui governi sono apertamente contrastati dalla diplomazia occidentale.

Cosa c'è oggi di particolare?

Si parla dei fondi sovrani, ovvero dei capitali accumulati dai Paesi arabi più ricchi, che influenzano le politiche dei deboli Paesi Occidentali, ma forse, anzi certamente, la risposta sta in altro, ovvero ricordiamo che gli Emirati Arabi sono la patria del segreto bancario, ovvero sono dei paradisi fiscali, tra i più rinomati al mondo, ormai gli ultimi, se si escludono quelli dei Caraibi, che però offrono molta meno sicurezza e inviolabilità.

Perché l'islam non può più essere criticato per le spose bambine, per i massacri in Nigeria, per i linciaggi in Pakistan, per le decapitazioni in Afghanistan?

Si è apertamente accusati di islamofobia, emarginati e ....lasciati in balia dei tagliagole, liberi di muoversi in Europa e in tutto il mondo.

Pare quasi che i terroristi islamici abbiano dei.......diritti acquisiti, che li mettano al di sopra della legge.

La risposta alla fine sta in un ricatto, ma non nei

petroldollari in se stessi, proprio nel fatto che abbiamo gli ultimi paradisi fiscali in mano loro ed esaltare la forza, la potenza dell'Islam conviene, perché nessuno deve osare di mettere in discussione gli ultimi luoghi sulla terra dove è possibile nascondere i soldi sporchi, miliardi e miliardi frutto di traffici criminali, tutti soldi da lavare bene e fare tornare in Occidente in mano a persone al di sopra ...... di ogni sospetto.

Quindi le dittature islamiste sono utili, utilissime, chi evade somme enormi al fisco, chi ricicla i denari dell'ingrosso dello spaccio delle sostanze stupefacenti, del traffico dei migranti, del contrabbando delle armi ed altro ancora, sa che là avrà il segreto che lo protegge.

Tutto questo schifo poi favorisce la politica estera occidentale, i mass-media e le scelte governative.

Se crollasse il muro dell'islamismo, sarebbe la fine di un'era, dove tanti farabutti si vedrebbero sequestrate immense somme di denaro, frutto di attività illecite.

Così come ai tempi dei pirati saraceni, c'è chi fa ottimi affari nei porti degli islamici, comprando la merce rubata, barattando, trafficando e tornando in patria come abile mercante fortunato, oggi abbiamo altri ......bravi mercanti senza scrupoli.

Se il mito dell'islamismo crollasse, se i terroristi islamici, gli

Stati e le bande islamiste fossero isolate e annientate, loro non avrebbero più un porto sicuro dove celare la loro refurtiva, ovvero banche dove nascondere i loro sozzi guadagni.

Ecco perché i talebani, dopo decenni di guerra, esistono ancora, hanno armi modernissime e costosissime tra le loro mani sporche di sangue.

Ecco perché tutte le volte che si colpisce l'Isis loro si riorganizzano e sono sempre meglio armati, ecco perché le moschee di tutto il mondo Occidentale sono sempre ben finanziate, da nobili fedeli ricchissimi e .... generosi.

Se si facesse un embargo contro gli Emirati Arabi, contro le loro banche, la questione Islam e il terrorismo al seguito si svuoterebbe in poco tempo, perché i soldi sporchi non la finanzierebbero più e senza denari non si fa nulla, nemmeno i taglia gole.

Caro cretino ti scrivo ancora,

non ti sento da molto tempo ed ora mi chiedo come fai a stare sempre fedele e in linea con il partito.

Ora abbiamo le donne velate che vengono votate da te e dai tuoi amichetti.

Però difendete i diritti degli omosessuali e volete la censura su chi li critica, contro chi vuole la famiglia naturale eppure sai che i tuoi cari amici islamici, diciamo islamisti, metterebbero a morte tutti coloro che sono di quelle tendenze.

Poi sei filo femminista, ma le donne loro le rinchiudono in casa, con il burqa e si sentono in diritto di picchiarle, quando disobbediscono.

Qualcosa non torna in questa vostra ammucchiata politica, perché siete antifascisti e antinazisti, poi accettate le posizioni antisemite, dei vostri amichetti islamisti e dei vari esaltati, che urlano contro Israele e odiano gli ebrei.

Fraternizzano con chi li sgozzano, con donne e bambini, si considerano, vi sentite tutti democratici, cantando Bella Ciao.

Sì, qualcosa non torna, perché tu e con i tuoi colleghi di partito, mi sembrate tutti incapaci di fare qualcosa di valido, di utile e infatti non lo fate, ma siete sempre abili carrieristi, in certi uffici, pubblici e parapubblici.

Sì, ho il dubbio che questa vostra fedeltà al partito puzzi tanto di convenienza, che dietro avete interessi economici.

In fondo ti capisco.

Cosa faresti nella vita se non avessi il partito e le tessere che ti ...... proteggono?

Dovresti lavorare per campare, che a te non piace.

Quindi se la tua cara ed affezionata figliola dovrà indossare un giorno il burqa a te non interessa, l'importante è vincere le elezioni, anche grazie al mullah Mustafà, che democratico proprio non lo è, poi gli piacciono le spose bambine, vuole il riconoscimento ufficiale delle sue 4 mogli, che tiene in casa, in cantina, tanto sono donne e devono tacer, obbedendo.

L'inferno si sta spalancando sotto i tuoi piedi, ma tu resti fedele, te ne freghi se hanno rapinato la tua vecchia madre, se gli spacciatori sono arrivati sotto casa tua, per vendere la roba al tuo primo figliolo, che si vende le tue pentole per un po' di erba........fresca.

Sì, ormai il fetore del tuo partito è grande, fa veramente schifo, ma tu resti fermo, immutabile e lo voterai ancora, perché progressisti si nasce e si muore, come i polli negli allevamenti.

Immigrazione ed eversione, per non mutare nulla.

La tecnica è evidente e proprio quelle forze politiche e sociali, che campano sulle nostre spalle, sono parassitarie da sempre, oggi temono il mutamento, che non capiscono.

Costoro si comportano come certi ragazzini ritardati, che non comprendono la lezione e così fanno rumore, lanciano pastelli, disturbano la classe.

Loro intuiscono che il loro destino è segnato, parlo dei ritardati italiani al potere, sanno che la famigerata globalizzazione, con la sua terribile legge di mercato, liberista, che non fa sconti a nessuno, li spazzerà via.

Non hanno capito bene quando e come sarà, però sperano di fermare la storia con l'invasione, ovvero con la trasformazione delle nostre città in grandi caravan serragli, con violenza, medioevo islamico, spaccio libero e tanti altri orrori.

Intanto, quando la cronaca nera lo permette, danno il mandato ai loro servi, i giornalisti, di istigare costoro contro gli italiani........razzisti le folle dei balordi e dei migranti, per creare un clima violento nel Paese.

Favoriscono gli islamisti e i terroristi, che vengono sempre giustificati .... compresi e presentati come vittime.

Le loro iniziative sono evidenti, come leggi che impediscono l'espulsione di chi commette reati, vogliono assicurare ai delinquenti la nostra cittadinanza, per usarli contro di noi.

Desiderano rompere tutto perché loro temono che verranno scacciati dai loro posti, comodi e di comando, come funzionari incapaci, che hanno doppia pensione, vantaggi e tanto altro.

Sopra di loro abbiamo il mondo dei ladri di regime, gli imprenditori che gestiscono......... le autostrade, per esempio.

Hanno svuotato banche, con danni per decine di miliardi, hanno evaso soldi alla grande, hanno corrotto o preso soldi in tangenti, portando il debito pubblico a livelli stratosferici.

Costoro però hanno avuto chi li votava, ovvero il popolo che campava e mangiava senza sudare e lottare, che continuano a votare i partiti della corruzione, nuovi o vecchi.

Quindi il caos e l'islamismo, il terrorismo serve per distrarci, per renderci la vita impossibile, per evitare, loro sperano, che la logica attuale, che sta mutando tutto, li mandi a pulire i cessi, o a fare i barboni, perché non sanno fare altro.

Immigrazione ed eversione, per non mutare nulla.

La tecnica è evidente e proprio quelle forze politiche e sociali, che campano sulle nostre spalle, sono parassitarie da sempre, oggi temono il mutamento, che non capiscono. Costoro si comportano come certi ragazzini ritardati, che non comprendono la lezione e così fanno rumore, lanciano pastelli, disturbano la classe.

Loro intuiscono che il loro destino è segnato, parlo dei ritardati italiani al potere, sanno che la famigerata globalizzazione, con la sua terribile legge di mercato, liberista, che non fa sconti a nessuno, li spazzerà via.

Non hanno capito bene quando e come sarà, però sperano di fermare la storia con l'invasione, ovvero con la trasformazione delle nostre città in grandi caravan serragli, con violenza, medioevo islamico, spaccio libero e tanti altri orrori.

Intanto, quando la cronaca nera lo permette, danno il mandato ai loro servi, i giornalisti, di istigare costoro contro gli italiani........razzisti le folle dei balordi e dei migranti, per creare un clima violento nel Paese.

Favoriscono gli islamisti e i terroristi, che vengono sempre giustificati .... compresi e presentati come vittime.

Le loro iniziative sono evidenti, come leggi che impediscono l'espulsione di chi commette reati, vogliono assicurare ai delinquenti la nostra cittadinanza, per usarli contro di noi.

Desiderano rompere tutto perché loro temono che verranno scacciati dai loro posti, comodi e di comando, come funzionari incapaci, che hanno doppia pensione, vantaggi e tanto altro.

Sopra di loro abbiamo il mondo dei ladri di regime, gli imprenditori che gestiscono......... le autostrade, per esempio.

Hanno svuotato banche, con danni per decine di miliardi, hanno evaso soldi alla grande, hanno corrotto o preso soldi in tangenti, portando il debito pubblico a livelli stratosferici.

Costoro però hanno avuto chi li votava, ovvero il popolo che campava e mangiava senza sudare e lottare, che continuano a votare i partiti della corruzione, nuovi o vecchi.

Quindi il caos e l'islamismo, il terrorismo serve per distrarci, per renderci la vita impossibile, per evitare, loro sperano, che la logica attuale, che sta mutando tutto, li mandi a pulire i cessi, o a fare i barboni, perché non sanno fare altro.

I giornali e gli idioti.

Oggi abbiamo .... il padre di famiglia, spacciatore, immigrato .... tanto buono, secondo la mogliettina

italiana, che entrava e usciva di prigione, ucciso per
........banali motivi.

Basta che sia un migrante a morire, per una rissa, che subito diventa bravo e buono, esaltato dalla sua donna, un personaggio strano, italiana che fa figli con costui, si fa mantenere da lui con bambine, diciamo campano tutti con i soldi dello spaccio, per mostrare un buon ......padre esemplare.

Mi chiedo, perché costui non è stato rispedito al suo Paese?

Perché le figlie, in questo ambiente ....educativo, restavano in famiglia?

Qui è mancato lo Stato, anche perché non erano poveri probabilmente, avendo i soldi dello spaccio da utilizzare, visto i precedenti penali dell'uomo.

Invece la povertà è la prima causa per cui tolgono i figli alle famiglie.

Questo personaggio, vittima di una ....stranissima rissa, che lascia perplessi anche i dementi, per come è avvenuta, perché l'omicida o è veramente un malato mentale, capita anche agli italiani e non solo ai migranti, oppure, dalle prime ricostruzioni, c'è dell'altro.

Non voglio fare il magistrato inquirente, non è il mio lavoro, quindi attendo gli sviluppi, comunque non mi metto a lodare .... le virtù umane del papà spacciatore, non lo considero un esempio di...... virtù, un padre esemplare, un compagno adatto a una donna .... onesta.

Scusate, questa è la prova che i nostri pennivendoli fanno veramente schifo.

Oggi mi sono sbilanciato, in genere non entro nei particolari delle vicende dei fatti di cronaca nera, ma mi chiedo come sia possibile che il lettore medio italiota, per idiota che sia, non rida o si scandalizzi, per come gli propongono le notizie.

Il dramma poi sta nel fatto che gli italioti ripetano, nei bar sport, alle macchinette del caffè negli uffici, nelle ditte, queste verità proposte dal misero cronista in carriera, sprezzanti con tutti coloro che esprimono perplessità ed osservazioni logiche e razionali.

Questa è un'altra prova che le cose vanno male, molto male, in questo mondo perché i cretini, i bovi, i pecoroni, sono la folla che sostiene i poteri corrotti, i farabutti viscidi che si arricchiscono, in un mondo marcio dietro i buoni sentimenti da cronaca nera.

Più che il male in se stesso nuoce la stupidità umana, tanto diffusa, nella maggioranza silenziosa.

Terrorismo, sbarchi e guerre su commissione.

Che abbiamo una classe politica di idioti, di incapaci, tanto stupidi quanto arroganti è evidente, ma che siamo pure in guerra, senza forse avere bene le idee chiare, è pure certo.

Non esiste più lo scontro diretto tra Est ed Ovest ovvero Unione Sovietica, con la Cina maoista, contro l'Occidente, ma un sistema misto cinese, capitalista e con forte influenza statalista, da una parte, che trascina dalla sua la debole Russia, contro gli interessi degli Stati Uniti.

Lo scontro ha forme economiche e di controllo diplomatico di intere nazioni, ma visto che la guerra aperta non si può fare, come ai tempi della guerra fredda, perché avremmo un conflitto nucleare, con la fine del mondo, con la nostra estinzione, come specie, si punta ad azioni di disturbo del nemico e dei suoi alleati.

In mezzo chi abbiamo?

Sorpresa, ci sono gli islamici, gli islamisti, che socialmente ed economicamente, ma soprattutto tecnologicamente contano sempre di meno, però odiano tutti gli infedeli, bianchi, gialli o neri che siano e si arruolano volentieri, io dico come mercenari sottocosto, in questi scontri continentali, tra il mondo Occidentale, in decadenza e in confusione, contro quello cinese, in avanzata, ma troppo rigido e assolutista.

Così ecco a voi i Talebani, personaggi appena usciti da qualche libro di storia che tratta del Medioevo islamico, che hanno armi super moderne, truppe super addestrate e trionfanti.

Chi paga tutto questo?

Gli statunitensi accusano i cinesi e i russi, mentre gli accusati rimandano le accuse agli Stati Uniti, ma forse la risposta sta in un gioco a palla, dove prima gli uni e poi gli altri, utilizzano questi dementi e fanatici tagliagole per fare dispetti agli avversari.

Così da quelle zone fuggono a migliaia disperati e fanatici, parassiti e gente senza arte né parte, verso di noi, si uniscono agli africani fancazzisti, trovano un passaggio a pagamento, costosissimo, da 10 mila euro, che nessun profugo al mondo si potrebbe permettere e giungono nelle nostre città a spacciare, a imporre la legge islamica, a violentare, a renderci l'esistenza un inferno.

I nostri politici, dentro questo gioco, cosa fanno?

Accolgono e li vogliono presto loro elettori, quindi ecco le donne con il velo da eleggere e dire che le donne sono maltrattate da loro, le bambine abusate, fatti oggettivi e dimostrati pure dalle loro affermazioni, è ....razzismo.

Ti denunciano pure perché dire la verità, per loro, è un crimine, Facebook ti blocca, qualche pennivendolo ti insulta...... liberamente.

A questo punto il sospetto è grande e l'invasione potrebbe essere uno strumento per destabilizzare un Paese amico o nemico, a secondo dei casi.

Quindi dietro a tutto questo abbiamo interessi economici e speculativi, conflitti geopolitici e io aggiungo, una classe politica corrotta, pagata da questi o da quelli, per favorire la vendita del nostro Paese ai Talebani, che stanno arrivando sui barconi, come profughi.

Il destino degli afgani, dei pachistani non islamici, che vengono perseguitati ogni volta che un predicatore islamico accusa qualcuno di blasfemia, sarà il nostro futuro.

Che fine faranno i nostri politicanti corrotti?

Si faranno turchi, le donne metteranno il burqa, questa è

una bella notizia, mentre noi dovremo metterci tutti a 90 gradi in preghiera.

Poi, finito il conflitto, avremo soluzioni differenti, ma questa parte della vicenda è troppo lontana, per ora.

Stiamo diventando, lo siamo sempre stati, pedine di un gioco globale, dove subiamo e per colpa degli italioti, che leggono il giornale di centro sinistra e si bevono tutto, senza mai farsi una domanda, noi, figli e nipoti, conosceremo l'inferno in terra.

L'orrore è alle porte e vedremo cose che sarebbe stato meglio prevenire con intelligenza, virtù sempre molto, molto rara.

Nuove cittadinanze italiane e la stupidità del PD.

Siamo il secondo Paese europeo per concessione di nuove cittadinanze, ma i nuovi cittadini cercano non quella italiana, ma quella europea, ovvero la possibilità di muoversi in Europa liberamente, infatti questa folla di nuovi europei sogna il ritorno a casa sua, nell'Est Europa e nel Nord Africa in genere, con un bel gruzzolo di risparmi in Euro, che li renderebbero ricchi, con le nostre pensioni, che da loro rendono parecchio.

Non sognano di stabilirsi nel nostro mondo, anzi, sperano di fuggire e con un volo aereo sotto costo si può fare.

Invece i nostri tesserati, con quel genio di Letta in testa, sperano di renderli cittadini .... fedeli al partito, ma loro si muovano, in tutta Europa, in cerca di salari migliori, come cittadini europei, anche se pure italiani.

Difficilmente voteranno per il PD, con le sue contraddizioni e le sue posizioni filo gay, per esempio, difficilmente vedranno i nostri accoglienti infedeli diversi dagli altri infedeli meno .... accoglienti.

Diciamo che il PD è alla frutta e da partito con il 40% dei voti si sta riducendo a partitino appena al di sopra del 15%, ovvero marginale.

Perderebbe il controllo della Rai, con molti altri vantaggi, come il finanziamento alla stampa .... addomesticata, alle associazioni dei nipoti dei partigiani, che continuano la resistenza contro fascisti immaginari.

Quindi la ius soli ci regalerebbe solo un popolo di nomadi,

di senza terra, che si troveranno una cittadinanza non desiderata, imposta dalla nascita, contro la loro volontà.

In Italia invece già dai 12 anni i genitori possono chiedere la cittadinanza ai figli, se vogliono dare a loro i diritti degli europei, di quelli degli italiani se ne fregano.

Infatti se l'Italia uscisse dall'Unione Europea e dall'Euro vedrebbe crollare le richieste di cittadinanza e il flusso dei migranti, anzi, ci si libererebbe di molti presunti nuovi italiani sul suolo nazionale.

Il PD è destinato ad estinguersi, è la storia che avanza e non perdona, è solo un partito di morti che cerca di fuggire al suo destino inesorabile.

Ius soli e talebani trionfanti.

Che cosa hanno in comune queste situazioni?
Tutto.
Sono frutto entrambe di politiche demenziali, criminali,

speculative e affaristiche, sulla pelle dei più deboli.

Perché è sbagliata la ius soli?

Perché le scelte della cittadinanza facile ci prepara non l'integrazione di migranti, ma le periferie islamizzate, il crimine e la disperazione, il terrorismo e il trionfo dei talebani anche da noi.

La cittadinanza la si deve dare a chi è veramente italiano, ovvero considera le persone tutte eguali, donne, uomini, gay, fedeli e......infedeli, rispettando le scelte individuali.

Chi non capisce questo non è un cittadino italiano, europeo e merita la perdita della cittadinanza, qualsiasi sia la sua origine.

Invece dare a tutti, a cani e porci, la nostra cittadinanza porta a sviluppi tragici, ovvero il ritorno del nazismo tecnologico, anzi super tecnologico, con pulizie etniche, oppure ci trasformerà in una terra islamica, con pesantissimo sotto sviluppo sociale, culturale ed economico.

La seconda ipotesi potrebbe essere una conseguenza della decadenza dell'Occidente, favorito da interessi e giochi concorrenziali, ovvero la volontà di eliminarci dai mercati mondiali, come competitori.

Quindi dire no alla ius soli non basta, perché atteggiamenti ostili alla libertà di pensiero, di scelta, verso le donne per esempio o verso il cambio della fede dei singoli, devono essere puniti con la perdita della cittadinanza e l'espulsione di chi commette tali gravissimi reati di opinione, che si trasformano in comportamenti criminali spesso, se non sempre.

Si sa che i padroni nazionali cercano manodopera da sfruttare facilmente e la ius soli farebbe comodo, è vantaggiosa per loro, ma una vera scelta democratica, progressista e di sinistra, a difesa dei lavoratori per esempio, la combatterebbe.

Sto parlando di una sinistra che esiste solo nel mondo dei sogni e forse è giusto affermare che la .... sinistra oggi si trova a destra.

I talebani e il trionfo del crimine organizzato.

A vincere a Kabul sono stati i soldi sporchi, ovvero il traffico dell'eroina, per esempio, che si ricava dall'oppio, che si trova nei papaveri da oppio, coltivati in Afghanistan abbondantemente.

Diciamo che i ...... religiosi e moralisti talebani fanno i soldi con il peggior vizio del pianeta, ma non solo con questo.

La guerra costa moltissimo e lì si sono spese somme immense, perché quel Paese potrebbe modificare il destino commerciale di mezza Asia, dalla Siberia, alle repubbliche islamiche ex sovietiche, alla Cina, ma anche al Pakistan e all'India, essendo un corridoio che apre verso l'oceano e i commerci via mare, di tutti quei territori.

Materie prime, petrolio per esempio, ma anche prodotti agricoli e manufatti industriali, di Paesi sempre più importanti dal punto di vista economico, troverebbero, con la pace dei talebani, spazio e vie facilitate.

Quindi il controllo dell'Afghanistan giustifica decenni di guerre, terrorismo, orrori, massacri di civili e di militari.

In pratica, dal punto di vista geopolitico, la demenziale scelta di Biden è la migliore, ovvero la pace aiuterà l'economia locale e mondiale.

Quindi le narcomafie, ma pure il commercio, in particolare con la Cina e la Russia siberiana, avranno le vie aperte.

I fanatici ed esaltati, intransigenti, sono sempre utili per chi è scaltro dal punto di vista economico, con loro è facile arricchirsi e così il mondo, nel passato e nel presente, è spesso dominato da tanti tiranni tanto feroci quanto stupidi.

La scelta statunitense era quasi ...... obbligata, perché la democrazia non la imponi con i bombardieri, ma con l'istruzione e l'economia sana, ma queste scelte, nel nostro mondo, sono sempre più utopiche.

Si preferiscono tiranni simili a malati mentali pericolosi, tanto brutali quanto stupidi e ignoranti.

Poi le armi e la droga sono motori dell'economa mondiale, come le guerre, in conseguenza per il bene .... dei commerci si vende l'orrore e la morte, poi tutto viene riciclato e pure in questo caso i farabutti senza scrupoli sono utili.

A pagare sono le popolazioni civili, le donne, i bambini, che conosceranno le frustate dei talebani, se non le spade che taglieranno teste innocenti.

I fanatici islamici avranno il loro trionfo e si faranno sentire, anche in Occidente, con il terrorismo, con le varie guerriglie, finanziate dai conflitti politici ed economici, tra Cina e Stati Uniti per esempio.

A Kabul abbiamo avuto il trionfo della logica politica peggiore, che pagheremo caro nel prossimo futuro, si è chiuso un conflitto, gestito male e si sta spalancando la porta dell'inferno islamista, questi fanatici non si accontenteranno e colpiranno duro in tutto il mondo.

I talebani hanno vinto grazie ai paradisi fiscali.

Abbiamo avuto anche l'ambiguo atteggiamento della Cina e della Russia, questa poi si è vendicata della sconfitta durante l'occupazione sovietica del Paese islamico, con la stessa moneta usata dagli Occidentali.

Il fanatismo di chi desidera di più la morte che la vita, per andarsene in.......paradiso, a fare quello che in vita non riesce a fare, pare proprio l'arma segreta per vincere.

Si esaltano costoro, si armano con armi moderne, li si mandano a combattere contro i tuoi nemici e vincono pure.

Le armi e le munizioni costano, diciamo che un conflitto come quello Afghano costerà almeno qualche miliardo all'anno e chi paga vuole i suoi risultati economici poi.

Abbiamo il commercio dell'oppio, ma anche i traffici commerciali in quell'area importantissima per l'Asia.

I talebani sono una forza fanatica che ha riunificato il Paese sotto il terrore, questo per ora, imponendo un unico potere centrale, contro le varie tribù spesso in guerra tra loro, quindi sono......utili, sono una creatura occidentale, con l'aiuto ...... morale e ideologico dell'Arabia Saudita e degli Emirati Arabi, ovvero dei luoghi da dove i soldi sporchi e di tutti i traffici trovano un porto sicuro.

L'oppio potrebbe essere distrutto, con qualche metodo, qualche trucco da ricercatore biologico, ovvero con qualche insetto o qualche fungo, che distrugga il papavero nella zona, togliendo la risorsa più importante ai talebani, ma non lo si vuole fare.......per motivi ovvi.

Quindi, per sconfiggere i talebani e tanti altri criminali simili, mettendo alle strette gli islamisti e tanto crimine organizzato, basterebbe imporre al sistema bancario mondiale dei controlli e dei blocchi, contro chi non rispetta le regole e nasconde sporchi affari.

La guerra, le guerre si vincerebbero così, togliendo l'acqua ai pesci, ovvero tagliando le risorse a chi compra e vende armi, ma questo non avverrà, perché le guerre rendono molto e favoriscono la crescita economica, specialmente nei Paesi più industrializzati.

I talebani sono alleati dell'Occidente corrotto e decadente, della Cina statalista e tirannica, della Russia che ricerca il suo spazio come potenza militare.

Se poi donne e bambini pagheranno caro non importa, la logica spietata del potere affaristico senza scrupoli vince sempre, in questo mondo demenziale ed assurdo.

Il domino del terrore e della morte, dei soldi sozzi.

I talebani sono visti come ...... nemici invincibili dai soliti pennivendoli ...... ingenui, che non sanno farsi due domande, pure banali.

Se l'Occidente ha speso più di un migliaio di miliardi in dollari in vent'anni di guerra, quanto hanno speso i talebani?

Nessuno lo dice, lo valuta, ma certamente centinaia di miliardi, che provengono dalla vendita dell'oppio, così si afferma.

Il commercio dell'oppio si può fermare, selezionando e lanciando sui raccolti afghani di tali fiori, degli insetti, delle muffe, dei parassiti, che distruggono i raccolti, ma per fare questo serve la volontà, che non si vede, non si percepisce.

Quindi l'oppio interessa all'economia globale, al commercio e al traffico dei potenti e dei governi.......Occidentali.

Il commercio della droga è seconda, come giro di affari, a quello delle armi e come si nota in Afghanistan, sono strettamente collegati.

Ora la ritirata degli Occidentali dal Paese asiatico dimostra che era tutta una farsa, un gioco delle parti, ma tutti dovevano svolgere il loro ruolo, spesso fasullo e da bugiardi.

I tagliagole afghani non sono invincibili, ma sono stati combattuti in modo sbagliato.

Si dovevano fare politiche contro i paradisi fiscali, che a parole fanno tutti, bloccando le banche che non rispettavano e non rispettano le norme anti riciclaggio.

Si dovevano bombardare le coltivazioni di papavero daoppio, si dovevano seguire il commercio delle armi e delle munizioni, per bloccare i trafficanti.

Invece hanno mandato eserciti a combattere, soldati a morire, per fare credere che combattevano contro il fanatismo islamico, ma in realtà tutto finanziava la produzione bellica, motore dell'economia mondiale da quando è nata la civiltà umana.

I talebani ora fanno i......buoni a parole, dicono che tratteranno bene le donne, non venderanno più l'oppio, rispetteranno i vinti nel loro Paese, non aiuteranno i terroristi.

Io aggiungo che gli asini voleranno felici in cielo.

Comunque questa farsa perversa la favoriamo pure noi, quando accettiamo le verità ufficiali, con le loro ridicole e contraddittorie affermazioni, quando sappiamo, di fatto, che tutto serve per spronare l'economia planetaria, poi a pagare saranno solo dei poveracci, che hanno creduto nell'amicizia e nella bontà dell'Occidente e nella logica neocoloniale degli Stati Uniti.

Corruzione e democrazia, il potere mostra il suo lato sozzo.

La democrazia è bella?

La parola significa governo del popolo e fu inventata dai greci, dagli ateniesi, che per prima cosa uccisero Socrate, il filosofo che cercava la verità.

Poi la democrazia rifece vedere il suo muso con i calvinisti di Ginevra, con i loro roghi di eretici e di streghe, con i quaccheri anglosassoni, versione locale del calvinismo, che odiavano tanto gli irlandesi, da organizzare il primo progetto di genocidio della storia, contro questo popolo cattolico, quindi......idolatra per loro, usando come strumento ideologico la Bibbia, esattamente il termina anatema, presente nell'Antico Testamento.

Poi gli stessi quaccheri sbarcarono in quello che sarà il territorio degli Stati Uniti, diventando i.......padri pellegrini, fondatori delle prime colonie stabili sul territorio Nord Americano.

Questi gruppi di anglosassoni divennero autonomi dal governo inglese e seguendo un noto proprietario di schiavi, di nome George Washington, conquistarono l'indipendenza e crearono il primo Stato democratico e repubblicano, costituzionalmente organizzato, della storia.

Poi ci fu la rivoluzione francese, che si specializzò nella caccia e nell'uccisione di contadini che non volevano subire il pesante giogo dei nuovi padroni borghesi, peggiori dei vecchi feudatari.

Infine ecco le democrazie, nell'Ottocento sino alla metà del Novecento, dedita al colonialismo, con decine di milioni di morti provocati sulla pelle degli indigeni, si parla di 100 milioni di morti.

Oggi ecco la ..... democrazia da esportare con i bombardieri, il neocolonialismo, le guerre su delega, combattute con armi Occidentali in cambio di petrolio.

La ciliegina sulla torta l'abbiamo con gli affari sporchi, il riciclaggio e le cosche mafiose, che finanziano i partiti politici.

Il crimine è trionfante e fa il suo sporco lavoro, ben accettato dalle forze politiche, perché genera reddito, anche se ci dà morte e dolore.

Che si può dire?

Viva la libertà, viva la democrazia, ...quella vera, che è tutta da conquistare.

Regolazione del .....terrorismo islamico.

Questa è una certezza, di fatto già in corso, loro possono tutto e violano le nostre leggi in modo spudorato.

Se noi trattassimo le moglie, le figlie, i figli come fanno loro saremmo giustamente in prigione, ma loro no, sono al di sopra della legge.

Loro si sono impossessati già di interi caseggiati, di case popolari pagate da noi e dai nostri padri con le tasse, con la complicità del PD e dei 5 Stelle, tanto l'acqua, l'energia elettrica la pagheremo sempre noi, tra le spese per le ....perdite del sistema di distribuzione.

Per loro, questi furti, sono dei diritti, un anticipo a quella che sarà la tassa che dovremo pagare come infedeli.

Non pensate che i buonisti non abbiano i loro vantaggi, ho sentito parlare il vescovo di Bergamo, senza vergogna, ancora di accoglienza, mentre ha sotto processo, o già condannati, diversi preti e laici affiliati, accusati di truffa contro lo Stato per appropriazione indebita e favoreggiamento all'immigrazione clandestina.

Chiaramente lui sapeva e doveva essere inquisito, perché era il .....boss, ma un vescovo non si tocca.

Dalla sua abbiamo tutto il PD, in affari con negrieri, faccendieri, caporali, mafiosi e spacciatori, con tutti gli utili sporchi, che finiscono tutti nelle banche cattoliche o laiche che siano.

Quindi la logica mafiosa, ovvero mafia che significa arroganza e deriva dall'arabo, serve sia in Afghanistan, ma anche da noi, dove stanno sorgendo tante piccole repubbliche islamiche, intoccabili, ottime per far fare soldi agli accoglienti, laici o con l'abito talare.

Immigrazione, è tutta colpa di una classe politica vecchia, del secolo scorso.

La logica che sta dietro alla ricerca di immigrati, qualche poverino spera di farne arrivare a decine di milioni, sta nella visione del mondo vecchio di cento anni, quando servivano braccia poco o per nulla specializzate nelle industrie, nelle catene di montaggio, nate nei primi decenni del Novecento, negli Stati Uniti.

La manodopera a basso, bassissimo costo, formata da migranti, negli Stati Uniti, in Europa a Nord delle Alpi, nel Nord Italia, fu utilissima per vincere la concorrenza e creare un sistema industriale, ma oggi tutto sta mutando.

In pochi credono nell'intelligenza Artificiale, nei robot, perché pensano che sia......tutta fantascienza.

In realtà sono due fattori che ostacolano lo sviluppo di

queste tecnologie, ci sono pochi esperti informatici e il costo iniziale è ancora troppo elevato per queste tecnologie ancora da perfezionare, appena uscite dai centri di ricerca.

Infatti è più facile che entrino nella ricerca scientifica, nella progettazione, negli uffici, per ora accanto a funzionari, anche ad avvocati, a medici, a ingegneri, che nelle officine, nei cantieri edili.

Il costo giustifica impieghi che rendano molto e non per attività poco remunerative, ma è solo questione di tempo.

Quando si inizierà a fare produrre robot dai robot, oltre a montare, dalla materia prima, senza mano umana, anche i computer di ultima generazione, il sistema produttivo mondiale subirà un tracollo, portando alla più grande crisi lavorativa mai vista nella storia umana.

A quel punto il lavoro tranne per poche decine di migliaia di super tecnici, a livello nazionale, qualche milione a livello mondiale, diventerà un privilegio per pochi.

I nostri stupidi e corrotti politicanti lo sanno?

Credo di no, pensano che il mondo sia fermo alle officine del signor Ford, che creò le prime catene di montaggio, o che siamo ancora agli anni delle mondine, con braccianti agricoli da importare dall'Africa.

Io non voglio più essere vivo, il giorno che le macchine

diventeranno concorrenziali per tutti i generi di lavoro e di lavoratore, perché vedrei l'orrore in terra.

La violenza dei disperati, specialmente immigrati e figli di immigrati, si schianterà contro una repressione che i peggiori dittatori non potevano e non possono neppure ipotizzare.

Fermiamo questa follia, questa classe di burocrati ignoranti, ottusi e stupidi, prima che sia troppo tardi per tutti.

I computer non hanno cuore, né pietà, i robot con IA pure, mentre gli interessi economici e finanziari sono ancora più disumani.

Afghanistan, l'affare sporco e i giochi pericolosi.

Chi ha interesse oggi a conquistare l'Afghanistan?

La Cina ha dei .... metodi che si sono dimostrati purtroppo vincenti, ovvero togliere l'acqua ai pesci.

L'unico sistema collaudato e funzionante è quello di rinchiudere la popolazione civile, delle zone colpite dalla guerriglia, in campi di concentramento.

I primi a sperimentare questo metodo furono gli inglesi contro i Boeri, popolazione bianca che abitava il Sudafrica, in parte vive ancora lì, di origine olandese, che si opponeva alla dominazione inglese, ma pagarono caro la loro resistenza.

La guerriglia funzionava e aveva messo in scacco le forze armate britanniche, all'inizio del Novecento.

Si scelse di vincere con l'imposizione dei primi campi di reclusione di massa, che portarono alla morte, per malattie e di stenti, il 30% dei civili reclusi, costringendo i combattenti alla resa incondizionata.

I cinesi hanno applicato già questa tecnica contro le minoranze islamiche, ovvero stanno portando all'estinzione, con la sterilizzazione obbligatoria delle donne e i campi di concentramento per gli uomini, questa minoranza che si era opposta al dominio cinese.

La soluzione, per tutte le guerriglie, per vincerle, sta in questa tecnica repressiva e disumana, ovvero la sostituzione della popolazione locale con altra non ostile, che combatte e non protegge i guerriglieri, che senza l'appoggio dei civili non hanno più scampo.

Invece i russi prima e gli occidentali dopo sono stati, giustamente, rispettosi dei diritti umani e quindi, secondo questa logica spietata, perdenti.

Ora la patata bollente è passata ai cinesi, che sicuramente manderanno loro tecnici e con loro, anche dei militari, per sfruttare al meglio le ricchissime miniere afghane.

Gli statunitensi si sono...... dimenticati migliaia di mezzi blindati e di armi, anche pesanti, in mano, ...casualmente, ai talebani, che le useranno per combattere i futuri invasori.

La storia si ripete e si ripeterà, vedremo cose atroci, pulizie etniche e campi di sterminio, detti campi di lavoro, con la sostituzione della popolazione locale con altri abitanti più......docili e forse non più islamici.

In occidente si scenderà in piazza a manifestare contro i cinesi cattivi, scordandosi che a lasciare in mano l'Afghanistan ai ...... feroci cinesi comunisti siamo stati noi, stanchi di una guerra senza fine, costosa e senza soluzione.

La politica e gli interessi minerari.

A poco alla volta escono tante schifezze dopo l'abbandono dell'Afghanistan, atto forse da compiere, ma non così.
Ora si scopre la ricchezza mineraria del Paese asiatico, si parla delle terre rare, che sono minerali ricchi di elementi utilissimi per l'industria attuale, per le batterie, per l'elettronica.
Cercando su Internet scopro che le terre rare non sono per nulla ...... rare, ma sono molto, molto diffuse sul pianeta, solo che l'estrazione è devastante per l'ambiente e solo in Cina le estraggono, essendo una dittatura e delle proteste delle vittime degli inquinamenti se ne fregano.
Ecco a voi, anche in Afghanistan si estrarranno le terre rare, con altri minerali, ma sicuramente con metodi del passato, con bambini schiavi, per esempio, come si fa in Africa.
Allora si scopre che i tiranni feroci sono molto utili

all'economia globale, fanno scendere il costo dell'estrazione dei minerali senza investire in costose nuove tecnologie, magari rispettose della salute dei minatori, degli abitanti vicini alle miniere.

In fondo è la stessa politica economica e del lavoro che si fa con i migranti, tanti schiavi sottopagati per svolgere lavori malsani in condizioni medievali, per non investire in nuove tecnologie, costose, ma anche difficilmente controllabili socialmente ed economicamente da parte di una razza padronale e di caporali, rozzi e stupidi, oltre che violenti.

I talebani, grassi, barbuti con pulci e pidocchi, dalle espressioni da tontoloni cattivi, sono solo i soliti utili idioti da utilizzare per giustificare guerre e per distrarre l'attenzione della gente, poi con loro si fanno sempre ottimi affari, sulla pelle dei più deboli.

Talebani invincibili come gli asini volanti.

Questa vicenda, della riconquista talebana dell'Afghanistan, puzza tremendamente di falso, di marcio, di affari sporchi, di interessi inconfessabili e di giochi economici, finanziari, criminali, sotto banco.

Ora, il primo dubbio sta nel fatto che le armi, dal fucile mitragliatore di ultima generazione ai lanciarazzi e tanto altro, hanno bisogno di tecnici esperti nella manutenzione, per sistemarli, in modo che non scoppino in faccia a chi li usa.

Poi altre armi, più grandi e complesse, sono da utilizzare con grande cautela, ma noi vediamo in televisione barbuti sporchi, con i visi tumefatti per le malattie di chi non sa cosa sia il sapone da sempre, con espressioni da animali feroci fuggiti dallo zoo, che si portano tali armi come fossero zappe.

Conoscono il Corano a memoria e lo hanno imparato a bastonate, sin da piccoli, ma nulla più.

Dove sono i tecnici professionisti, capaci e strapagati, che sistemano gli armamenti?

Nessuno deve sapere e vedere.

Con che soldi hanno comprato queste armi?

Un lanciarazzi costa di più di quanto un villaggio afghano guadagna in un anno, se si esclude il commercio del papavero da oppio.

Perché, invece di bombardare i rifugi sotterranei dei talebani, con scarsi risultati, non hanno distrutto i campi di papavero da oppio?

Era più semplice e avrebbe tolto molte risorse ai talebani.

Queste domande non trovano risposte sulla stampa mondiale e nazionale, anzi, ci raccontano idiozie che fanno ridere le galline, come i talebani, abili.... fabbri, che riparano a colpi di martello il mortaio di ultima generazione, super sofisticato.

Tra i barbuti vincitori non si vedono super tecnici, esperti di armi di fabbricazione statunitense, in televisione, come non si vedono i mercanti di morte, che scambiano l'oppio in cambio di armi.

Se fosse tutto evidente anche il più tonto tra i telespettatori, tra i lettori dei quotidiani internazionali e nazionali, potrebbe farsi qualche domanda.

Ovvero potrebbe capire e scoprire che il pericolo vero non sta nei talebani in sé stessi, ma nella politica estera sotterranea, condotta sulla pelle della gente, dei popoli.

Abbiamo chi utilizza queste brutte bestie di Satana, stupratori e assassini di bambini, per favorire commerci schifosi, droga, armi, sfruttamento di minori in miniere malsane e tanto ancora.

A quel punto scopriremmo che il nemico islamista non sta

là, tra fanatici ignoranti, esaltati e brutali, ma qua, tra trafficanti ghignanti e i loro servi politici, per esempio quelli che vogliono trattare con i talebani, perché sono ormai......... cambiati e sono ....moderati.

Terrorismo, violenza e criminalità, i migranti porteranno tutto questo e nulla più.

Le leggi dell'economia non perdonano, in un'epoca dove i robot fanno capolino, dove l'intelligenza artificiale toglie milioni di posti di lavoro negli uffici, si pensa a fare crollare il costo del lavoro, con i migranti.

Chi sta dietro a tutto questo è un bastardo criminale, speculatore senza scrupoli, o un grande demente.

In pratica abbiamo gli idioti manipolati dai soliti affaristi, quelli che controllano sempre gli introiti, che nascono dalla speculazione.

Quindi, fare crollare il costo del lavoro conviene a loro, come conviene mettere in discussione la sicurezza nelle strade, con violenza e disordini vari, per distrarre l'opinione pubblica dai loro affari sporchi, dalle corruzioni, ... dai ponti autostradali crollati, per esempio.

Così proprio chi si arricchisce con questi traffici paga le solite puttane della stampa per fare commuovere le zitelle, per strappare lacrime ai ......cuori teneri, sul destino atroce dei migranti.

Il tutto senza usare la ragione, la razionalità, come insegnava Hitler, che per le masse voleva solo emozioni e mai proponeva ragionamenti.

Alla fine, i migranti diventeranno sempre più violenti, delusi dall'accoglienza, dall'emarginazione nelle periferie degradate, anche dalla disoccupazione e dai lavori sottopagati.

Prevedere rivolte violente e sanguinose, con atti bestiali contro di noi italiani, i primi presi per caso, vecchi, donne e bambini compresi, è facilmente immaginabile.

La voglia di sicurezza poi porterà risposte dure e scelte pratiche, repressive, con campi di reclusione, espulsioni in massa, riduzione delle libertà e dei diritti civili per tutti, in nome della sicurezza.

Sarebbe stato meglio per tutti investire nei loro Paesi con scuole ed istruzione a distanza, per esempio, in modo da creare sviluppo tecnico e lavorativo da loro, ma questa ormai è una storia vecchia, che a nessuno interessa.

Bergoglio fa confusione tra la violenza dei cristiani e quella degli islamici, ma bisogna dargli una risposta logica e razionale.

La violenza integralista è un'ideologia, l'islam è nato con la violenza ed è presente nel Corano l'obbligo di conquista contro gli infedeli.

Il cristianesimo è contro la violenza, se si esclude quella per la legittima difesa.

La cazzata del poverino, l'antipapa Bergoglio, sfrutta l'ambiguità tipica dei Gesuiti, che facevano infuriare gli intellettuali del passato.

La violenza dei cristiani è sempre contro il messaggio cristiano, mentre quella degli islamici è istigata dalla loro religione.

È questa è la differenza, che l'ipocrita Bergoglio conosce bene, ma fa appunto il........ gesuita.

L'immigrazione sta uccidendo la democrazia.

Il termine democrazia, ovvero governo del popolo, pare una battuta ironica, perché chi comanda, da sempre, è chi controlla l'economia di un Paese.

In democrazia però si può dire, non sempre e non tutto, ciò

che si pensa, perché senza la libertà di pensiero e di critica non si ha sviluppo economico.

Le dittature, i sistemi tirannici, non aiutano allo sviluppo economico, scientifico, tecnologico.

Se io non posso liberamente pensare ed esprimermi, non posso neppure progettare, fare, costruire, agire, ma rimarrei bloccato nelle mie iniziative.

Però abbiamo il caso della Cina, regime totalitario che copia la tecnologia occidentale e con il bassissimo costo della manodopera, fa una grande concorrenza all'Occidente libero.

Infine abbiamo i ricchi Paesi del Golfo, islamisti e totalitari, che sono un rifugio per i soldi sporchi e per l'evasione mondiale.

Queste realtà stanno mettendo in crisi l'Occidente, con le sue contraddizioni, così si gioca, da decenni, a importare manodopera da pagare sempre meno, per contrastare la concorrenza dell'estremo Oriente, per disarmare le lotte sociali della manodopera interna.

Si sono ottenute tante piccole realtà, nelle periferie, dove vige la legge islamica, dove le bande criminali fanno da padroni, preparandoci, anche da noi, al trionfo dei talebani ..... interni.

Le prospettive sono due ed entrambe pessime, la prima

sta nella vittoria dei cari e graditi ospiti, con il burqa per le donne, la barba lunga, sino alla pancia per gli uomini, con bastonate e frustate per un paio di jeans indossati, per una caviglia nuda per le donne.

Oppure avremo un sistema oppressivo, di stile nazista, ma super tecnologico, con campi di lavoro e tanto orrore, che non descrivo, perché questo orrore potrebbe passare, per la prima volta nella storia, senza lasciare tracce e prove per i posteri, grazie alla tecnologia attuale e alla confusione sociale, al degrado delle periferie multietniche delle nostre periferie.

Infatti quello che capita, per esempio, nelle megalopoli del Sud del mondo non lo possiamo sapere, lì si nasce e si muore senza lasciare traccia, lì lo Stato è presente solo con alcune operazioni di contrasto al crimine, utilizzando i blindati e nulla più.

L'integrazione è una panzana, che ci raccontano, per farci illudere, non può esistere integrazione perché dovrebbe esistere un Occidente forte, unito e con la propria identità ben chiara, mentre oggi abbiamo solo una difesa

 ad oltranza di posizioni identitarie, contro culture, anzi sottoculture bastarde, che generano tanti giovani emarginati, che non si sentono né occidentali, né islamici, ma preferiscono rubare, aggredire, violentare.

Non credo che vinceranno i barbari, non siamo alla fine dell'impero romano, ma vincerà, prima o poi, una cultura disumana e feroce, rubando il futuro, per qualche decennio almeno, ai bambini di oggi.

Ci dobbiamo liberare dei parassiti accoglienti, colpendo i loro evidenti crimini, dei caporali, degli spacciatori, colpendo quei politici e quella stampa che favorisce tutto questo.

Potrebbe, a questo punto, servire una politica economica dura e liberista, che io odio da sempre, ma a male estremi estremi rimedi.

Ci libereremmo di un po' di parassiti economici, di idioti incapaci nel pubblico e nel privato, che sono la base sociale ed elettorale di questa sinistra smarrita e perduta nella realtà di un mondo che cambia.

La magistratura e il regime che la sovrasta.

L'assurdo e il ridicolo, la rabbia della gente è tanta, interi borghi, interi quartieri, quando sentono l'ipotesi di imbattersi contro questi o quelli, nei nostri tribunali, restano spaesati, si mettono le mani nei capelli ed evitano di buttarsi nei meandri della giustizia italiana.

La gente crede nella magistratura come i clienti delle puttane nella verginità delle loro ...... amiche.

La sensazione del marcio, dello schifo, del preordinato è diffusa in tutto il Paese, tranne per il popolo dei raccomandati, razza bastarda, che il diavolo se li abbia tutti con sé al più presto.

La razionalità, la logica, l'evidente sono concetti inesistenti nel mondo dei processi, tutti sappiamo di vittime trasformate in colpevoli, le stuprate sono accusate di ......facili costumi, chi si difende dai ladri di essere......un violento, chi denuncia i calunniatori si trova la folla dei racconta panzane che giustificano le accuse assurde e demenziali dei denigratori, senza prove, ma con solo la catena del sentito dire.

Tutto dipende da chi si......conosce, di chi si è amico, dalla tessera che uno ha in tasca o non ha.

Il sistema clientelare e mafioso, nella magistratura, è sfacciatamente evidente, ma nessuno deve sapere o sono ...... guai.

26.08.2021

CURRICULUM

Rossi Arduino scrive e pubblica racconti, saggi da diversi anni, i suoi racconti sono stati diffusi e stampati su carta, in piccole edizioni, su riviste culturali in passato.
Ha stampato poesie, racconti e un romanzo breve con diverse case editrici, con cui collaborava esternamente: IL SALICE di Potenza, Montedit di Melegnano -MI, etc.
Scrisse e pubblicò articoli di saggistica, in particolare sul quotidiano BERGAMO-OGGI, la pagina della cultura.
Deve solo concludere la tesi per ottenere la laurea in

lettere, indirizzo storico, a Milano, mai conclusa per il febbrile impegno culturale. Ha scritto moltissimi racconti, spesso di genere horror, che ha visto pubblicati in passato in due raccolte intitolate: "LA ROSA DI GENNAIO", "STORIE D'ALTRI TEMPI RACCONTATE ATTORNO AL CAMINO".

Un romanzo breve gli fu stampato, intitolato: "AVVENNE IN IRLANDA".

Molti altri racconti, brevi saggi e recensioni furono diffusi su riviste culturali.

Suoi racconti sono stati diffusi su internet, nei siti OCCHIROSSI, ZERODELTA, ANNOTAZIONI.

HA SIGLATO UN CONTRATTO CON LA CASA EDITRICE SENECA per la pubblicazione di un romanzo poliziesco LA VILLA DEI CIPRESSI, nella collana AMARANTOS: L'editrice Fabula ha presentato tre sue lavori, due raccolte di racconti e un romanzo breve, nel suo laboratorio, disponibile su Internet: fabula edizioni.

E' stata pubblicata una raccolta di racconti intitolata GLI STATALI - con la casa editrice Morpheo Edizioni.

Collabora con i Giornali online REPORTONLINE e scrive su una rubrica di AGENFAX, intitolata L'Opinione....di Arduino Rossi, collabora con il giornale online della F.D.C. Il suo sito personale è http://www.arduinorossi.bloger.com Dipinge e ha ottenuto diversi premi di pittura a Milano.

Sue lettere, anche sotto forma di articolo, sono state diffuse su L'Eco di Bergamo, ILBERGAMO, BERGAMO-SETTE La Provincia di Cremona, L'Arena di Verona, Il Giornale di Vicenza, VITA TRENTINA, IL QUOTIDIANO DI CALABRIA, SECOLO XIX , REPUBBLICA(compreso il venerdì), SETTEGIORNI, Il GIORNALE, IL TEMPO, REPORTER, CORRIERE DELLA SERA, AVVENIRE, LA

PROVINCIA DI SONDRIO, LA PROVINCIA DI LECCO, LA PROVINCIA DI COMO, IL MATTINO, LA STAMPA E MOLTI ALTRI.

CURRICULUM ARTISTICO di ARDUINO ROSSI

2022

Mostra mercato a Boston Presso Italian Contemporary Art Gallery, oltre che a Lugano e a Londra, per il 2022.

Partecipa al tour Biennale d'Europa, organizzata da Pitturiamo.it, con esposizione a Barcellona, Londra, Parigi, Venezia, nel 2022.

Premio Berlino 2022 dal 4 al 10 aprile 2022, con il giudizio di Angelo Crespi: "Per l'abilità di trasmettere emozioni con forza sentimenti e pulsioni profondi e di coinvolgere emotivamente il fuitore attraverso un costrutto estetico in cui l'energia del gesto determina la foma."

Partecipa con un quadro alla Pro Biennale di Venezia 2022, mostra dal 13 al 17 maggio presso il chiostro della Chiesa di San Francesco della Vigna a Venezia.

Presentazione della mostra su Canale Italia TV: https://m.facebook.com/story.php?story_fbid=8095063904 38366&id=100041370379717

Prolungamento Mostra all'Hotel Ristorante Vesuna; ·
Esposizione di n. 3 opere alla mostra Amore nell'Arte
presso la storica Milano Art Gallery - dal 14 febbraio al 5
marzo 2022 - col contributo del grande Prof. F. Alberoni -

E' stato selezionato per il **Premio Internazionale d'Arte
Contemporanea** organizzato da PitturiAmo e si terrà dal
16 al 30 giugno 2022, a Milano nel celebre **quartiere
Brera** e sarà dedicato ad **Albert Einstein,** in occasione
dei **100 anni** dalla consegna del **Premio Nobel** al celebre
fisico.

2021

Stima e battuta d'Asta Gigarte – Piazza D'Azzeglio, 22
55049 Viareggio. Martedì 23 febbraio 2021 ore 17 Arduino
Rossi, Evoluzione , 2020 , stima 1.000/1.500 Euro. Base
d'asta 600,00 Euro.

Selezionato per la pro Biennale di Venezia 2021; Premio
Canaletto 2021; mostra a Bassano del Grappa, presso la
sede di Spoleto Arte, pro Biennale di Venezia 2021,con
giudizio critico di Salvo Nugnes, con giudizio critico firmato
da Salvo Nugnes.

Partecipazione alla mostra "Spoleto Arte", dal 16 al 22
Luglio a Palazzo Frau, nel cuore di Spoleto – 2021.

Link che riportano a video di telegiornali e di informazione:
https://www.tgcom24.mediaset.it/2021/video/spoleto-

arte-mostra-internazionale-con-sgarbi-e-tanti-ospiti-illustri_35842463-02k.shtml

https://youtu.be/kiSJlmomqLl

https://youtu.be/YH-Op-yPHF4

https://youtu.be/w8Q2a1pwGj0

https://youtu.be/wrSMEy1nm7w

esporre all'evento "**Artista Leader Regione**".

Esposizione di 4 tele in acrilico presso la Galleria Area Contesa Arte - sede: Via Margutta, 90 - 00187 – Roma, dal 02 al 07 Luglio 2021.

Premio Canaletto, siglato da Salvo Nugnes,(Curatore d'Arte), Roberto Villa(Fotografo Internazionale), Giuseppe La Bruna, (Direttore Accademia di Venezia), Flavia Sagnelli (Curatore d'Arte).

Premio Modigliani 2021, con coferimento premio Modigliani conferito a Arduino Rossi, ECCELLENZA ARTISTICA.

Mostra ad Albano, presso la tenuta del cantante Albano.

MOSTRA FISICA " L'ARTE IN QUARANTENA " ALLA STORICA MILANO ART GALLERY dal 26 marzo al 10 aprile 2021 trova in via G. Alessi 11, Milano. curata dal direttore della galleria Salvo Nugnes, già manager di personalità dell'arte e della cultura come Vittorio Sgarbi, Francesco Alberoni, Katia Ricciarelli, Margherita Hack e altri ancora.

Links che portano a servizi televisivi, telegiornali e nazionali:

https://www.facebook.com/tgcom24/videos/la-rubrica-di-tgcom24-arte-in-quarantena-cresce-sempre-di-pi%C3%B9-abbiamo-iniziato-p/636312450574709/

https://www.tgcom24.mediaset.it/2021/video/l-arte-in-quarantena_34449832-02k.shtml

Itervista a Radio Regione Lombardia, Luglio 2021

Intervista a OnAir, messa in onda almeno 3 volte nel 2021.

Partecipazione alla biennale di Milano, con giudizio critico di Salvo Nugnes.

Elenco link che portano a video di telegiornali e atrasmissioni televisive che parlano della Biennale di Milano 2021, dal 21 al 25 Ottobre 2021, presso Palazzo Stampa di Soncino, Via Torino 61, **Milano, con la partecipazione di artisti di 44 Paesi** :

https://m.facebook.com/story.php?story_fbid=6919955621 89450&id=100041370379717
https://m.facebook.com/story.php?story_fbid=6913051455 91825&id=100041370379717
https://m.facebook.com/story.php?story_fbid=6817277065 49569&id=100041370379717

https://m.facebook.com/story.php?story_fbid=6791572101
39952&id=100041370379717
https://m.facebook.com/story.php?story_fbid=6181049695
78510&id=100041370379717
https://m.facebook.com/story.php?story_fbid=6359221811
30122&id=100041370379717

Comunicatostampa con indicato Arduino Rossi per la Biennale di Milano 2021: http://www.comunicati-stampa.net/com/salvo-nugnes-presenta-alla-prestigiosa-biennale-milano-le-opere-di-talentuosi-artisti-come-maquignaz-reci-e-rossi.html#:~:text=Reci%20e%20Arduino-,Rossi,-.%20Saranno%20presenti%20ospiti

Partecipazione al premio Artisti Premio Artista d'Italia – Condivisione di un'opera d'arte su tutto il territorio nazional, elenco di tutte le location: BARLETTA - Galleria ZeroUno BOLOGNA - Fluart - Centro di Arte Urbana FERRARA - Galleria d'Arte "Il Rivellino" FIRENZE - Roccart Gallery MILANO - Art Luxury Gallery MONZA - mimumo - Micro Museo Monza NAPOLI - mCd - Gallery PALERMO - Galleria Effetto Arte PADOVA - Queen Art Studio Gallery PARMA - Galleria Italia PERUGIA - Home Gallery - Spazio 121 ROMA - Art Studio Gallery di Carlo d'Orta10/4/2021 Gmail - Ecco tutte le location aderenti al Premio Artista d'Italia VENEZIA - Venice Art Gallery.

Per evento "Artista Leader Regione", Esposizione
presso PitturiAmo Gallery - sede:

Viale Conte Testasecca, 12 93100 Caltanissetta CL - dal 26 Novembre al 9 Dicembre 2021.

SIMPOSIO D'ARTE PER IL CENTENARIO DELLA NASCITA DELLA GRANDE M a r g h e r i t a H a c k presso la Milano Art Gallery, via G. Alessi n. 11 a Milano 18 dicembre all'8 gennaio, con attestato di merito Margherita Hack, con premio Margherita Hack.

Servizio SPECIALE TV nazionale sulla mostra.

Mostra presso l'Hotel Ristorante Vesuna di Marco Columbro a Trequanda, Montepulciano (SI), dal 14 al 27 gennaio 2022, con inaugurazione il 14 gennaio alle ore 18,00.

Partecipazione dell'evento Maestri a Milano con pubblicazione dell'opera ammassa nella rivista Art Now Dicembre 2021, con video esposizione delle opere ammesse al teatro Manzoni di Milano che si Svolgerà il 10 e 11 Gennaio 2022, con pubblicazione dell'opera ammessa nel sito ufficiale dell'evento.

2020

Partecipa con una tela, intitolata Luce in fuga, alla Pro Biennale 2020, a Venezia dal 23 luglio al 7 agosto 2020, presentata da Vittorio Sgarbi.
Critica di Flavia Sagnelli - Curatrice di Mostre - in occasione della Pro Biennale estate 2020 a Venezia presentata da Vittorio Sgarbi, menzione speciale con firma anche di Vittorio Sgarbi.

Con pubblicazione con la case editrice Giorgio Mondadori della sua opera e con il giudizio critico, dentro il volume che riporta questa Probiennale.

Partecipa anche alla pubblicazione di una sua scheda nel volume della Casa editrice Giorgio Mondadori, intitolato Arte in Quarantena, 2020.

NEW YORK 2020,E' stato selezionato alla mostra dal 24 al 27 giugno 2020, posticipata dal 21 al 24 ottobre 2020, per il Corona-virus, a New York per il Premio PitturiAmo a New York, presso La galleria White Space Chelsea (555 W 25th St, New York, NY) situata a Manhattan, nel cuore di NEW YORK con L'immagine dell'opera dell'artista con la quotazione video esposta in galleria, godendo di assistenza di vendita.
A tutti gli artisti ammessi al Premio PitturiAmo a New York sarà dedicata un'intera pagina a colori nella rivista ART NOW.

Mostra mercato a Boston Presso Italian Contemporary Art Gallery 80 Dartmouth St, Boston, MA 02116, Stati Uniti - 2020 italian resilience.

Aprile 2020 attestato con pubblicazione un'intera pagina a colori nella rivista ART NOW, con l'Attestato e la targa ARTISTA DI AVANGUARDIA con la supervisione del critico d'arte Vittorio Sgarbi, per la notevole qualità stilistica.

TGCOM24 MEDIASET E' PRESENTE NEL VIDEO DEGLI ARTISTI DI SPOLETO ARTE del 16 giugni 2020, COME

RISULTA DAL LINK SOTTO:
https://www.tgcom24.mediaset.it/2020/video/gli-artisti-di-spoleto-arte_19508751.shtml

Emirati Arabi: Doppia Esposizione di N. 1 opera in Mostra Digitale a Umm Al Quwainn e a Dubai, negli Emirati Arabi, con attestato di selezione.

MOSTRA SPOLETOARTE con Vittorio Sgarbi presso Palazzo Storico in centro a Spoleto, dal 18 settembre al 2 ottobre 2020 con ART FACTORY SPOLET O, con dichiarazione critica firmata Salvo Nugnes.

Attestato di ammisione al premio Raffaello di Roma, 2020.

Partecipare al "1° Premio Internazionale Città di Budapest" 2020.

Partecipazione al **Premio Internazionale "Paris ArtExpo"** Videoesposizione degli artisti selezionati a Parigi. Dall'1 al 6 Maggio 2021 presso l'esclusiva Galleria Thuiller. Prenio Paris ArtExpo "per essersi distinto attraverso una spiccata personalità artistica."

Video-esposizione di un'opera per 15 giorni presso la storica Milano Art Gallery, in via Alessi 11 a Milano.

Premio Belle Arti conferito all'artista Arduino Rossi dell'Accademia delle Belle Arti di Roma, "Per le sue eccellenti doti artistiche e l'originalità dei suoi lavori che pongono le sue opere ai vertici del panorama artistico internazionale." Giuseppe La Bruna - Direttore Accademia Belle Arti di Roma

Valutazioni critiche e mostre:

Fu valutato dal critico d'arte Giuseppe Martucci, noto a Milano e da Rocco Basciano di Milano.
Ha presenziato in almeno 30 mostre di beneficenza in tutta Italia;

I suoi quadri sono stati esposti presso: La Galleria del

Centro di Catania – 2001;

La Galleria Modigliani di Milano, dal 23/2/2002 al 7/3/2002;

personale nella sala comunale di Piazza Mercato delle scarpe – Città Alta – Bergamo, dal 29/3/2003 al 6/4/2003;
Studio d'arte Basciano BAROCCO, di Milano, Novembre

2003; Fiera dell'arte di Padova dal 13/11/2003 al

17/11/2003;

3° Trofeo Ba-Rocco – dal 16 al 29 Maggio 2004 – Milano;
Mostra Festa della Dogana – San Matteo in Via Carucci, 71 – Roma – dal 16 al 21 Settembre 2004;
Mostra dal 24 al 28 Maggio 2004 presso SE.C.I.T. Associazione Doganale Italiana – Via Carucci, 131 ROMA;
Partecipazione alla manifestazione - AUTUNNO D'ARTISTA – Ottobre 2004 di ARTECULTURA di Milano;

Con esposizione di due dipinti nella Galleria di ARTECULTURA a Milano, con le relative riproduzioni fotografiche dell'opera sulla Rivista omonima, con il giudizio critico;
inviò una cartolina dipinta al Museo degli Emirati Arabi Uniti, a Sharjah, su invito del relativo museo;
mostra di un quadro presso 4° Trofeo Ba-Rocco dal 16 al 29 maggio 2005 - MILANO;

Esposizione di 5 quadri presso AZIENDA DI PROMOZIONE TURISTICA MILANESE in P.zza Marconi, 1 - angolo P.zza Duomo - MILANO, dal 1 al 31 marzo 2005;
premio di pittura città di ALASSIO anno 2005 - B&T 36 Gallery di Milano - Biondi Tesio in the word Roma;
mostra di due quadri a Roma - in Piazza del Popolo, angolo Via del Babuino, 198- presso la BASILICA di S. Maria in Montesanto - chiesa degli artisti, sempre con la galleria - B&T 36 - Gallery ;
mostra dal 10 al 20 gennaio 2006 presso la galleria B&T 36 Galery di Milano;

TARGA BIONDI-TESIO PER LA PITTURA - 31 EDIZIONE 2005 – premiato presso HOTEL GALLIA - PIAZZA DUCA D'AOSTA - MILANO;
partecipazione alla collettiva del piccolo quadro a Milano, presso l'associazione Culturale Arte-Ba-rocco dal 10 al 22 Dicembre 2005;
mostra di due quadri presso LA GALLERIA SAN VIDAL

U.C.A.I.- festa di fine anno - Scoletta San Zaccaria, campo San Zaccaria - VENEZIA;
alcune tele erano in deposito presso la galleria B&T Gallery

Perizia da parte del Perito Estimatore Arte Contemporanea, Giuseppe Martucci – Albo Consulenti Tecnici n. 6422 - Tribunale di Milano 30.12.2005 – QUOTAZIONI:
https://drive.google.com/drive/folders/1ef1cTxtA_RFFT-zXuHg12z_Lrllk04c6

Arduino Rossi, asta con stima   Evoluzione, 2020 _ GIGARTE _ ArsValue.com

2018

Ha partecipato con due opere astratte alla MOSTRA DI ARTE CONTEMPORANEA dal 17 febbraio – 14 marzo 2018, intitolata "LA GENESI DEL COLORE", PRESSO LA GALLERIA SAN VIDAL Scoletta San Zaccaria, campo San Zaccaria – Venezia, con cenno critico sul Corriere del Veneto (inserto del Corriere della sera).
Un quadro sarà presente per un anno, dal marzo 2018, nella galleria d'Arte Albatros di Parma, in strada XXII Luglio 18/A – 43123 PARMA.
La galleria è nata sotto l'insegna di Vittorio Sgarbi quale

relatore ufficiale della galleria stessa.

2019

Mostra collettiva dal 04 luglio 2019 al 19 luglio 2019 LE GRANDI MOSTRE DEL PALAZZO ZENOBIO all'interno della 57° edizione della Biennale di Venezia 2019 presentata e curata dal Prof. Storico e critico d'arte Giorgio Gregorio Grasso.
Mostra a Palermo alla Villa Filippina – 2019
Partecipazione a Parma al concorso premio il Parmigianino, con esposizione dal 19 al 29 Novembre 2019.
Attualmente le sue opere sono presenti in spazi online come Pitturiamo, Venderequadri.it, Artmajeur e nel drive di Google, dove ha reso pubblici i documenti scansionati, comprovanti mostre, valutazioni e perizie, giudizi critici:

https://drive.google.com/open?id=0BycaKPuO_rjGaVR2S
U53RUZ6UTg

MOSTRE virtuali di opere di Arduino Rossi
http://www.pitturiamo.com/it/pittore-contemporaneo/arduino-rossi-6826/quadri-collezione-privata.html

http://www.artmajeur.com/it/member/arduino-rossi

http://www.venderequadri.it/?post_type=catalogo&s=arduin

BIOGRAFIA

Arduino Rossi è nato a Bergamo nel giugno del 1956., dove è sempre vissuto Ha avuto un'esistenza giovanile un po' burrascosa e contraddittoria, frequentando gruppi di diversa estrazione sociale, politica, religiosa.
Finito il breve periodo della caotica giovinezza si è chiuso nei suoi interessi "disordinato" per le arti, per la poesia, per la letteratura, per la pittura.

Da sempre interessato ai lavori dei pittori più importanti di tutte le epoche, Rossi Arduino trova nella pittura una sua realizzazione personale: si ispirò sin dall'infanzia allo zio maestro di pittura, Severino Belotti, in arte SEVERINO BELLOTTI, insegnante della Brera di Milano, uscito dalla scuola del pittore Loverini di Bergamo, presso l'ACCADEMIA CARRARA DI BERGAMO.
Lo zio pittore influenzò, ispirò e consigliò il nipote.
Successivamente ARDUINO conobbe diversi pittori che si aggiravano presso l'Accademia Carrara di Bergamo.
Diversi amici pittori l'hanno guidato, indirizzato e ARDUINO, pur non avendo mai frequentato una vera scuola di pittura, ha sempre assistito, partecipato, collaborato, respirato l'arte e la tecnica pittorica.
Iniziò con la tecnica a carboncino, poi passò ai paesaggi in acquerello, ora il suo stile si è evoluto verso la

dissociazione geometrica e quasi astratta delle immagini,
con gli acrilici, ma un suo impressionismo trova strada in
paesaggi naturali.

www.ingramcontent.com/pod-product-compliance
Lightning Source LLC
Chambersburg PA
CBHW050804250726
48653CB00006B/2076